RAFFINIERTER GENUSS
OHNE ZUCKER & WEIZEN

Rezepte für den bewussten und kreativen Alltag

www.essenlieben.com

Als ich mich dazu entschlossen habe, meine Ernährung umzustellen, hat sich dadurch auch mein ganzes Leben verändert. Ich habe begonnen, alles bewusster zu tun und wieder mehr auf mich zu achten. Dabei sind nicht nur um die 20kg von mir gepurzelt, sondern seitdem auch ferngeblieben. Um dies zu schaffen, muss man einen eigenen Weg finden.

Andrea & Andreas Kaiblinger

Vorwort

Liebe Genussmenschen,

als wir im Jahre 2016 das Projekt **Essen Lieben** ins Leben gerufen haben, war dies eine Entscheidung aus dem Herzen heraus und genau das ist es, worauf es beim Kochen und Essen ankommt: Auf das Herz. Dies bedeutet, darauf zu hören, was Körper und Geist brauchen und dies möglichst genussvoll zusammenzustellen. Dabei ist auch wichtig, dass es nicht zu aufwendig und zeitintensiv ist, denn schließlich leben wir in einer Zeit, in der wir alle ständig viel um die Ohren haben. Trotzdem sollten die Ernährung und der Spaß am Kochen dabei nicht zu kurz kommen! Auf unserem Blog gibt es seit Beginn an Rezepte, die leicht, kreativ und köstlich sind und dabei stets spannend bleiben. Essen, das guttut und in Erinnerung bleibt.

Als ich mich dazu entschloss, meine Ernährung umzustellen, hat sich dadurch auch mein ganzes Leben verändert. Ich habe begonnen, alles bewusster zu tun und wieder mehr auf mich zu achten. Dabei sind nicht nur um die 20kg von mir gepurzelt, sondern seitdem auch ferngeblieben. Um dies zu schaffen, muss man einen Weg finden, die eigene Ernährung und den Lebensstil zu verändern, ohne dabei das Gefühl zu haben, auf etwas zu verzichten. Das Ergebnis: Mehr Lebensqualität und ebenfalls mehr Auswahl in den Modegeschäften.

Doch wie sagt man so schön: Aller Anfang ist schwer! Um Euch in dieser Zeit beizustehen, haben wir die besten Rezepte und Erlebnisberichte für Euch in diesem Buch zusammengefasst. Wichtig ist: Nicht aufgeben! Dranbleiben und sich dann an den ersten Erfolgen hochziehen. Ist der Anfang gemacht, fühlt sich der Rest ganz einfach an. Versprochen!

Nun wünsche ich Euch viel Freude mit diesem Buch und hoffe, dass auch Ihr etwas Neues für Euch entdecken könnt!

Alles Liebe
Andreas Kaiblinger

ANDREAS KAIBLINGER STELLT SICH VOR

Ich bin am 9.08.1969 in Salzburg geboren und in Grödig aufgewachsen. Meine Eltern Irmi und Helmut sind nach wie vor meine Vorbilder und einfach die Besten. Ich hatte eine wirklich tolle Kindheit und Jugend.

Nach meiner Ausbildung (Hotelfachschule) begann meine doch sehr aufregende Laufbahn in der Gastronomie. Die wichtigsten Menschen, denen ich begegnen durfte, waren mein Kollege Michael Bogensperger und meine Chefs Klaus Fleischhaker und Franz Siedl – alle drei tolle Menschen und großartige Köche! Die Gastronomie bzw. das Kochen ist tatsächlich meine Berufung und Leidenschaft.

Ich liebe meine Frau Andrea, die mir alles bedeutet und unendlich viel Kraft gibt, meine beiden Kinder geboren hat und meine Träume verwirklicht. Unsere Familie (Jasmin, Hannah, Lorenz und Andrea) ist für mich das absolut wichtigste, meine Kraftquelle, mein Motor, mein Mittelpunkt und mein Ruhepol. Nicht zu vergessen: Meine Liebe zu Hunden. Unsere kleine Heidi ist für mich ein ebenbürtiges Familienmitglied und zeigt mir täglich die wirklich wichtigen Dinge: Essen, Schlafen und Schmusen.

Was ich außerdem mag:
Uhren, alte Autos, Jazz (Musik im Allgemeinen) und Fitness

Was ich bin:
dankbar

Was mir wichtig ist:
Ehrlichkeit

Was ich nicht mag:
Menschen, die sich zu wichtig nehmen

ESSEN LIEBEN:
Eine echte Herzensangelegenheit, mit der wir noch viel vor haben

Inhaltsverzeichnis 10

LEICHT & KREATIV

Suppe von der Roten Rübe mit Wasabi // S. 24

Schnelle Fenchel-Currysuppe // S. 27

Schnelle Maronischaumsuppe // S. 28

Ziegentopfen mit Oliven, getrockneten Tomaten, Kapern und Nüssen // S. 31

Dinkelbrot ohne Hefe // S. 32

Pochiertes Ei mit Eierschwammerl, Avocado und Tomatenmarmelade // S. 35

Brennnesselspinat mit pochiertem Ei und gebratenen Melanzanischeiben // S. 36

Steinpilze mit Zucchininudeln und Zwiebelmarmelade // S. 39

Getreideburger // S. 40

Gemüsespieße mit Tofu // S. 43

Quinoasalat mit Grapefruit und Stangensellerie // S. 44

Spargel-Morcheleintopf // S. 47

Warmer gebratener Gemüsesalat // S. 48

Gefüllte Auberginenscheiben mit gebratener Süßkartoffel und Erbsen // S. 51

Artischockengröstl // S. 52

Selleriepüree mit Kürbis und Rote Rüben-Kren-Salat // S. 55

Erdäpfelscheiben mit Erdäpfelkäs // S. 56

Gnocchi mit Topinambur, Trauben und Nüssen // S. 59

Orangeneistee // S. 60

HULK Powerdrink // S. 63

Holler-Gurkenlimonade mit Ingwer und Minze // S. 64

HULK 2.0 // S. 67

Rotkäppchen // S. 68

Hafer-Dörrzwetschgendrink // S. 71

Reinanke mit Pfifferlingen, Brokkoli, Romanaherzen und Pinienkernen // S. 72

Lachsschnitte mit Apfel, Radicchio und Topinambur // S. 75

Saibling mit Melonen-Brokkoli-Gemüse, Salzmandeln und Pinienkernen // S. 76

Roh marinierter Thunfisch mit Blaukraut, Maroni, Kürbis und Soja-Glasur // S. 79

Kabeljau im roten Rübensud mit Kerbelknolle & Sauerrahm // S. 80

Gegrillter Wildlachs mit Langostinos, Knoblauch, Honigglasur und jungem Spinat // S. 83

Gefüllte Rösti mit Räucherfisch und Sauerrahm // S. 84

Roh marinierter Spargel mit gebratenem Tardivo und gebeizter Forelle // S. 87

Hühnerspieße mit Erdnuss-Endivien-Paste // S. 88

Stubenküken und Schmorgemüse mit Cognac flambiert // S. 91

Hühnerspieße mit grünen Bohnen, Marillen und Knoblauch // S. 92

Dünne Scheiben von der Perlhuhnbrust mit rohen Steinpilzen und Marillen // S. 95

Zucchini-Hühnchen-Sandwich // S. 96

Hirschkalbsschnitzel mit Pastinaken und Kohlsprossen // S. 99

Beef Tatar // S. 100

Avocado-Saiblings-Tatar // S. 103

Gegrillte Wassermelone mit salzigen Toppings, Salbei und Ahornsirup // S. 104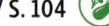

Honig-Dinkel-Müsliriegel mit Topfenfüllung // S. 107

11 Inhaltsverzeichnis

VEGETARISCH & VEGAN

Ricottapfannkuchen mit Erbsen, Paprika und Tomaten // **S. 114**

Flammkuchen mit Spinat, Steinpilzen und schwarzen Oliven // **S. 117**

Kartoffelburger // **S. 118**

Erdäpfelgulasch // **S. 121**

Erdäpfel Samosa // **S. 122**

Vegane Krautwickel gefüllt mit Cerealien und Linsencurry // **S. 125**

Erdäpfelgratin // **S. 126**

Kürbis-Kartoffelpuffer // **S. 129**

Gefüllte Auberginenblätter // **S. 130**

Kürbisdatschi mit glasierten Zwetschgen // **S. 133**

Topfen-Mohn-Knödel // **S. 134**

Dörrobströllchen // **S. 137**

Orientalischer Joghurt mit Tomaten-Marillenmarmelade // **S. 138**

Marillenstrudel mal anders // **S. 141**

BEWUSST & KÖSTLICH

Dinkelvollkorntoast mit Erdnussbutter, rohem Spargel, Erdbeeren und Frischkäse // **S. 144**

Rosmarin-Vanillepolenta mit Räucherlachs // **S. 147**

Glasierte Lammhuft mit Rhabarber, Minze und grünem Spargel // **S. 148**

Gegrillte Lammkotelettes mit Tomaten-Muschelbruschetta // **S. 151**

Sellerie-Bun Burger // **S. 152**

Kartoffelsalat mit Rucola und Calamaretti // **S. 155**

Süßer Erdäpfelschmarrn mit Apfelkompott // **S. 156**

Brownies ohne Zucker und Mehl mit Apfelkompott und Sauerrahm // **S. 159**

Vegane Schokoladencrêpes mit Kokosfüllung // **S. 160**

Schokofeigen und Gewürzorangen mit Pistazien // **S. 163**

Schoko-Kirsch-Joghurt mit Granola // **S. 164**

Schokoladenblätter mit Walnusspaste und Frischkäse // **S. 167**

Veganer Schokopudding mit Cranberry- oder Preiselbeermark // **S. 168**

ZUM LESEN UND NACHDENKEN

Im Gespräch mit Ernährungs- und Fitnessscoach Gerhard Brugger // **S. 12**

Wie sich der Verzicht auf Zucker und Weizen aufs Leben auswirkt // **S. 16**

Das Problem mit Weizen und Zucker // **S. 108**

Das Essen Lieben Atelier // **S. 170**

Essen Lieben 12

IM GESPRÄCH MIT ERNÄHRUNGS- UND FITNESSSCOACH GERHARD BRUGGER

Der Salzburger Gerhard Brugger ist ein erfahrener Spitzengastronom, der bereits zwei Hauben und einen Gault Michelin Stern erkocht hat. Andreas und Gerhard kennen sich bereits seit dem Kindergarten und tauschen sich nach wie vor gerne über die Themen Ernährung und Bewegung aus. Neben seiner Leidenschaft für die Gastronomie ist Gerhard auch als Ernährungs- und Fitnesscoach tätig und verbindet eine bewusste Ernährung mit vielseitiger und individueller Bewegung. Wir haben uns mit dem sympathischen Gerhard über die Grundbausteine für einen bewussten Lebensstil unterhalten.

WIE VIEL BEWEGUNG SOLLTE MAN IM SCHNITT AM TAG EINPLANEN?

Da jeder sein eigenes Leben führt und unterschiedliche Tagesabläufe hat, kann man diese Frage nicht konkret beantworten, jedoch sind 20-30 Minuten Spazierengehen am Tag eine gute Basis, um eine Routine aufzubauen. Da wir in einer Zeit leben, in der wir beruflich bedingt viel sitzen, ist es sehr wichtig, dass wir Bewegung in unseren Alltag einbauen. Dazu eignen sich zum Beispiel Mittagspausen. Es muss kein großes und aufwendiges Training sein, sondern eine langfristige Routine, die man leicht in sein Leben integrieren kann.

WELCHE SPORTARTEN EIGNEN SICH BESONDERS GUT FÜR „ANFÄNGER" ODER SOGENANNTE SPORTMUFFEL?

Jede Sportart, die einem Spaß macht. Genau darum geht es. Dabei ist es völlig egal, ob das Schwimmen, Radfahren, Joggen oder Klettern ist – je abwechslungsreicher, desto besser. Man sollte die Natur nutzen und sich viel an der frischen Luft bewegen, da gibt es ja unzählige Möglichkeiten. Nicht jeder geht gerne in ein Fitnessstudio und viele verbinden Sport immer gleich damit, dabei ist die Auswahl an Outdoor-Sportarten riesig. Selbst der eigene Garten oder ein großzügiger Raum zu Hause bieten viele Möglichkeiten. Dabei sollte man immer Ausdauertraining mit Krafttraining verbinden, da beide sehr wichtig sind für unseren Körper.

GIBT ES TIPPS, WIE MAN SICH ZUM SPORT MOTIVIEREN KANN?

Es hilft immer, wenn man gemeinsam Sport macht. Das kann der Partner, eine Freundin oder ein Freund sein oder sogar ein sportlicher Hund. Man kann eine Unternehmung daraus machen, gute Musik hören, frische Luft einatmen und das Ganze genießen. Besonders die Anfangsphase ist schwierig, da es einem meist an Motivation fehlt, doch wenn man sich einmal dazu entschieden hat, sich die Sportkleidung anzuziehen und loszulegen, stellt sich gleich ein gutes Gefühl ein. An diesem Gefühl muss man festhalten, bis man die ersten Erfolge erzielt. Ab dann motivieren diese Erlebnisse zum Weitermachen und man stellt schnell fest, dass einem die Bewegung guttut und man sie nicht mehr missen möchte!

WIE VIEL EINFLUSS NIMMT BEWEGUNG AUF UNSERE GESUNDHEIT?

Sehr, sehr viel! Sie ist eine der wichtigsten Säulen und man kann sie nicht umgehen. Die Bewegung und die körperliche Fitness sind genauso wichtig, wie unsere Ernährung. Nur beides zusammen ergibt einen gesunden und bewussten Lebensstil, den man auch nicht mit Pillen oder Kapseln ersetzen kann.

WIE SOLLTE MAN SICH DEINER MEINUNG NACH ERNÄHREN, UM SICH GUT ZU FÜHLEN UND FIT ZU SEIN?

Das ist eine individuelle Entscheidung. Man muss auf seinen eigenen Körper hören und darauf achten, was einem guttut und was nicht. Bewusst einkaufen, bewusst zubereiten und bewusst essen – der Rest ist dann ganz einfach. Ich halte nichts von Extremen und denke, da muss jeder selbst für sich entscheiden und herausfinden, was das Richtige für sie/ihn ist.

WIE SICH DER VERZICHT AUF ZUCKER UND WEIZEN AUFS LEBEN AUSWIRKT

– Ein Gespräch mit Andreas Kaiblinger

WANN UND WIESO KAM ES ZUR ENTSCHEIDUNG, AUF ZUCKER UND WEIZEN ZU VERZICHTEN?

Vor ca. 3 ½ Jahren gab es einen Punkt in meinem Leben, an dem ich unbedingt etwas verändern musste. Ich habe mich in meinem eigenen Körper nicht mehr wohlgefühlt und schon längere Zeit darüber nachgedacht, wie ich dies verändern kann. Natürlich musste es ein Weg sein, der sich gut in meinen Alltag integrieren lässt. Das Trennkostprinzip kannte ich bereits. Zusätzlich habe ich Weizen und Zucker aus meinem Essensplan ausgeschlossen, da ich diese Zutaten ohnehin nicht als wichtig empfinde und sie meiner Meinung nach dem Körper eher Energie nehmen, als zu geben. In den ersten Monaten habe ich außerdem auf Brot verzichtet und auch ansonsten den Konsum von Kohlenhydraten stark reduziert.

WIE HAST DU DICH VORHER ERNÄHRT?

Im Prinzip auch nicht sehr ungesund, allerdings habe ich oft sehr spät nach Feierabend gegessen. Zusätzlich haben mich immer wieder die bekannten „Fressattacken" erwischt und Sport habe ich ebenfalls nicht genügend betrieben. Man ist als Koch ohnehin viel und stetig in Bewegung, aber das reicht natürlich nicht, wenn man sich zudem auch noch unbewusst ernährt.

WIE SCHWER WAR ES, DIE ERNÄHRUNG UMZUSTELLEN UND IN DEN ALLTAG ZU INTEGRIEREN?

Alles was neu ist, ist erst einmal ungewohnt. Trotzdem war es ja keine Entscheidung, die über Nacht gefallen ist, sondern ich hatte mir schon länger darüber Gedanken gemacht, meine Ernährung und meinen Lebensstil langfristig zu verändern. Viele haben schon einmal verrückte Diäten ausprobiert, wie zum Beispiel die „Krautsuppendiät". Ich rate allerdings von solchen Radikaldiäten ab, da diese langfristig einfach nicht funktionieren. Viel sinnvoller ist es, einen eigenen realistischen Weg zu finden, bewusst zu leben. Für mich war es immer wichtig, dass ich nicht „hungern" muss.

Ich esse pro Tag ein bis zwei Äpfel und als Snack gefallen mir Nüsse und rohes Gemüse. Bei solchen Lebensmitteln braucht man wirklich kein schlechtes Gewissen beim Naschen zu haben.

WELCHE ALTERNATIVEN GIBT ES ZU ZUCKER UND WEIZEN?

Ich persönlich verwende gerne Agavendicksaft, da dieses ein natürliches Produkt ist, welches sich leicht verarbeiten lässt und vom Geschmack her neutraler ist, als zum Beispiel Ahornsirup. Auch Honig verwende ich ab und zu, aber nur, wenn es für das Gericht Sinn ergibt. Anstatt verarbeiteten Weizen verwende ich lieber Vollwertprodukte. Es gibt genügend andere Getreidesorten, die noch nicht so überzüchtet sind und mehr für unser Wohlbefinden tun. Bei mir ist Dinkel häufig im Einsatz. Natürlich kann man auch mal ein Semmel oder Stück Kuchen essen, aber das sollte eher die Ausnahme bleiben und vor allem zu Beginn der Ernährungsumstellung ausgelassen werden.

WAS DENKST DU, WARUM SO VIELE MENSCHEN AN UNVERTRÄGLICHKEITEN LEIDEN?

Zum einen glaube ich, dass es aktuell ein Trend ist. Viele Menschen verzichten neuerdings auf Gluten, dabei leiden nur die wenigsten wirklich unter einer Unverträglichkeit. Die Industrie nutzt solche Trends aus und füttert die Unwissenheit der Menschen mit Produkten, die niemand braucht, die vielleicht sogar schädlich sind. Zum anderen glaube ich, dass wir immer steriler werden. Wir leiden unter einem übertriebenen Hygienezwang, der uns sensibilisiert. In meiner Kindheit hat man noch draußen im Wald gespielt und sich auch mal schmutzig gemacht, deshalb waren wir nicht öfter krank als die heutige Jugend – im Gegenteil. Natürlich spielen auch Fastfood und Fertiggerichte eine große Rolle. Viele wissen nicht einmal mehr, wie ein Gemüse unverarbeitet ausschaut und glauben, dass eine Kuh lila gefleckt ist. Es ist wichtig, dass wir wieder zum Ursprung von Lebensmitteln zurückfinden und mehr Wert auf Qualität legen.

WELCHE VERBESSERUNGEN HABEN SICH BEI DIR SEIT DER ERNÄHRUNGSUMSTELLUNG EINGESTELLT?

Ich fühle mich nun endlich wohl in meinem eigenen Körper und das macht sehr viel für mein generelles Wohlbefinden aus. Ich habe seit Beginn auch zweimal die Woche Sport in meinen Alltag integriert und möchte dies auch nicht mehr missen. Wer bewusst lebt, der hat mehr Kontrolle darüber, wie es einem geht und das ist eine ganz entscheidende Fähigkeit, die jeder erlernen sollte. Super finde ich auch, dass ich jetzt beim Shopping wieder mehr Möglichkeiten habe (lacht).

WIE WICHTIG WAR SPORT FÜR DICH WÄHREND DER ABNEHMPHASE?

Bewegung ist generell sehr wichtig. Man muss nicht exzessiv Sport treiben, aber man sollte generell aktiv sein. Ich gehe gerne mit meinem Hund und meiner Familie spazieren und verbringe zudem zweimal die Woche Zeit mit Ausdauertraining (z.B. Laufen) und Eigengewichttraining. Das kann man auch super auf Reisen umsetzen. Wer plant, Gewicht abzunehmen, dem hilft Sport dabei, den Körper straff zu halten.

WIE SCHAFFST DU ES, DEIN GEWICHT ZU HALTEN?

Ich verzichte nach wie vor auf Weizen und Zucker. Einmal im Jahr allerdings genieße ich den Geburtstagskuchen, den meine Mama für mich bäckt. Auch ein frischgebackenes Croissant gönne ich mir gelegentlich, aber ansonsten ernähre ich mich ausgewogen und achte bewusst darauf, was ich zu mir nehme. Es ist wichtig, dass man seine Ernährung langfristig umstellt, deshalb rate ich auch von einseitigen Diäten ab. Durch meinen Beruf als Koch habe ich natürlich viele Möglichkeiten, deshalb war es mir auch wichtig, mit „Essen Lieben" zu zeigen, wie man sich ganz leicht gut ernähren kann, ohne dass man dabei schwitzend in der Küche steht und hektisch durch den Supermarkt läuft, um exotische Zutaten zu finden. „Back to the roots" mit Genuss und guten Zutaten! Ganz easy, aber so wichtig!

FINDEST DU, ES GIBT MITTLERWEILE GUTE MÖGLICHKEITEN, AUSWÄRTS ZU ESSEN, OHNE DABEI ZUCKER UND WEIZEN ZU SICH ZU NEHMEN?

Das ist nach wie vor eher schwierig, aber ein guter Koch sollte auf den Wunsch des Gastes eingehen können. Auf „Essen Lieben" haben wir auch einige Rezepte für Gerichte kreiert, die sich super dazu eignen, sie auf die Arbeit oder in die Uni mitzunehmen. In Restaurants sollte man nicht zu streng mit sich sein und einfach darauf achten, dass man von den Portionen her nicht übertreibt. Alles in Maßen, dann ist alles möglich.

GIBT ES MOMENTE, IN DENEN ES DIR SCHWERFÄLLT, AUF ZUCKER UND WEIZEN ZU VERZICHTEN?

Nein, weil niemand mit einer Peitsche hinter mir herläuft und auf die Finger haut, wenn ich esse. Man muss Verantwortung für sich selbst übernehmen und bewusste Entscheidungen treffen. Mir ist es wichtig, dass ich mich ausgewogen ernähre und wenn ich möchte, dann kann ich auch mal ein Stück Kuchen oder ähnliches genießen. Seitdem ich meine Ernährung umgestellt habe, fühle ich mich so viel besser, dass ich dieses neue Lebensgefühl nicht aufgeben möchte. Ich verzichte auf nichts, was mir wichtig ist. Im Prinzip habe ich nur gewonnen.

Besonders, wenn man den Wunsch hat, seine Ernährung zu verändern/verbessern, kann diese Kategorie sehr hilfreich sein, denn hier wird bewusst auf Weizen und Zucker verzichtet und nach dem Prinzip der Trennkost gearbeitet. Dabei fehlt es keinem Gericht an Genuss - im Gegenteil. Ihr werdet Euch wundern, wie herrlich die verschiedenen Zutaten zusammenpassen und welches Geschmackserlebnis sich daraus ergibt. Lasst Euch inspirieren und probiert einfach aus! Essen soll Spaß machen und leicht sein.

Viel Vergnügen!

SUPPE VON DER ROTEN RÜBE MIT WASABI

Zutaten (für 4 Personen):

3 Stk.	gekochte rote Rüben
1 TL	geriebener frischer Ingwer
2 Stk.	Knoblauchzehen
1 – 2 TL	Wasabipaste
750 ml	Gemüsebrühe

je ein Spritzer Agavendicksaft und Reisessig

ein wenig Rosmarin

Salz, Pfeffer, Distelöl

„Rote Rüben einmal anders. Diese vegane Suppe von der roten Rübe mit Wasabi wird auch den meisten Menschen schmecken, die nicht die großen Fans von der roten Rübe sind. Viel Freude beim Ausprobieren!

Zubereitung:

Die gekochten roten Rüben klein schneiden, Knoblauchzehen schälen und den Ingwer reiben. Etwas Distelöl in einem Suppentopf erhitzen und die roten Rüben, den Knoblauch und den Ingwer darin gut anschwitzen. Anschließend mit der Gemüsebrühe ablöschen und Wasabipaste, Rosmarin, Agavendicksaft und Reisessig hinzugeben; mit Salz und Pfeffer abschmecken. Jetzt die Suppe einmal gut durchkochen und anschließend in einen Mixer geben. Zum Schluss die Suppe noch einmal durch ein Sieb passieren. Fertig!

Tipp: *Wer die Suppe gerne besonders schäumig mag, kann sie noch einmal in einem Topf mit einem Mixstab und etwas zusätzlichem Öl aufschäumen.*

SCHNELLE FENCHEL-CURRYSUPPE

" Herbstzeit ist Suppenzeit – und Suppen müssen nun wirklich nicht langweilig sein! Ich habe ein paar ganz einfache Rezepte entwickelt, mit denen Du Deine ganze Familie ganz sicher begeistern wirst. Dieses ganz einfache Rezept für eine schnelle Fenchel-Currysuppe ist wirklich sehr leicht umzusetzen. Viel Vergnügen!

Zutaten (für 4 Personen):

2 Stk.	Fenchelknollen
1/4	Zwiebel
2	Knoblauchzehen
1/2 Stange	Zitronengras
2 Stk.	Lime Leaves
1 EL	Curry
1 EL	Currypaste (mild)
1 l	Gemüsefond

Olivenöl, Zitronenthymian

etwas Zitronenöl

ein paar Spritzer Agavendicksaft

etwas Reisessig zum Abschmecken

Zubereitung:

Die Fenchelknollen, die Knoblauchzehen, die Zwiebel und das Zitronengras hacken. Etwas Olivenöl in einem Suppentopf erhitzen und das Gemüse mit dem Knoblauch, Zitronengras und der Zwiebel scharf anbraten. Die Currypaste, das Curry, die Lime Leaves und den Zitronenthymian hinzugeben, verrühren und kurz anschwitzen. Anschließend mit der Gemüsebrühe ablöschen. Mit Salz, Pfeffer, Agavendicksaft, und Zitronenöl (alternativ gehen auch ein paar Spritzer Zitronensaft) und etwas Reisessig abschmecken. Jetzt circa 20 Minuten köcheln lassen. Dann alles in einen Mixer geben und gut durchmixen, abschließend die Suppe durch ein Sieb passieren. Fertig!

Tipp: *Wer die Suppe gerne besonders schäumig mag, kann sie noch einmal in einem Topf mit einem Mixstab und etwas zusätzlichem Öl aufschäumen.*

SCHNELLE MARONISCHAUMSUPPE

Zutaten (für 4 Personen):

1/4	Sellerieknolle (klein)
1/4	Apfel
1	Knoblauchzehe
1	kleine Zwiebel
1 l	Gemüsefond
250 g	Maroni

(fertig geschält und essfertig)

Rosmarin

Salz, Pfeffer, Muskat

Tipp: *Dazu schmecken sehr gut Crostini (z.B. aus Vollkorn-Dinkel), die Du mit Maroni, Rotkraut, Apfel, Walnüssen und etwas Balsamico belegen kannst.*

Eine schnelle Maronischaumsuppe (vegan) – für die langsam kälter werdenden Tage. Auch diese Suppe ist sehr leicht zuzubereiten und schmeckt hoffentlich der ganzen Familie. Viel Freude beim Kochen!

Zubereitung:

Die Zwiebel, den Apfel und den Sellerie klein schneiden und eine Knoblauchzehe schälen. Etwas Olivenöl in einem Suppentopf erhitzen und alles in den Topf geben und kurz anschwitzen lassen. Jetzt die Maroni und etwas Rosmarin dazu geben, kurz mit anschwitzen und dann mit dem Gemüsefond aufgießen. Mit Salz, Pfeffer und Muskat abschmecken und die Suppe ca. 5-10 Minuten gut durchkochen lassen. Im Anschluss in einen Mixer geben und alles durchmixen. Jetzt die Suppe durch ein Sieb passieren und sie dann noch einmal mit etwas Olivenöl mithilfe eines Mixstabs aufschäumen. Fertig!

ZIEGENTOPFEN MIT OLIVEN, GETROCKNETEN TOMATEN, KAPERN UND NÜSSEN

Dieses Rezept für Ziegentopfen mit Oliven, getrockneten Tomaten, Kapern und Nüssen ist wirklich ganz einfach und beansprucht kaum Zeitaufwand. Der Ziegentopfen eignet sich auch sehr gut als Dip für ein Dinkelknäckebrot. Auch hierfür habe ich ein schnelles Rezept für Euch. Ich wünsche gutes Gelingen!

Zubereitung:

Ziegentopfen mit dem Joghurt vermengen und anschließend Olivenöl, den Oliven, getrockneten Tomaten, Kapern und Nüssen garnieren. Für das Dinkelknäckebrot alle Zutaten zu einem glatten Teig kneten, rasten lassen, dünn ausrollen, schneiden und bei 175°C 8 Minuten backen.

Zutaten für den Aufstrich
(für 4 Personen):

250 g	Ziegentopfen (Ziegenquark)
50 g	Ziegenjoghurt

Salz, Pfeffer, Olivenöl

getrocknete Tomaten, Kapern, Nüsse und Oliven

Zutaten für das Dinkelknäckebrot
(für 4 Personen):

400 g	Dinkelvollkornmehl
30 g	Sesam (Schwarz)
30 g	Olivenöl
250 ml	Ziegenmilch
1 TL	Salz

DINKELBROT OHNE HEFE

Zutaten (für 4 Personen):

500 g	Dinkelvollkornmehl
2 EL	Olivenöl
1	Ei
17 g	Backpulver
60 ml	Joghurt
140 ml	Ziegenmilch oder Vollmilch
150 ml	Wasser
1 TL	Salz
1 TL	fein gestoßener Kümmel
1 TL	fein gestoßener Fenchel
1 TL	fein gestoßener Koriander

„Warum Dinkelvollkornmehl? Dinkelvollkornmehl hat gegenüber dem üblichen Weizenmehl einige Vorteile. Zum Beispiel enthält es mehr Mineralstoffe als Weizen. Dinkel gilt selbst bei Nahrungsmittelallergien als äußerst verträglich und scheint eine insgesamt harmonisierende Wirkung auf den Körper, insbesondere auf die Verdauung zu haben. Viel Spaß beim Backen.

Zubereitung:

Alle Zutaten zu einem glatten Teig vermengen, rasten lassen und anschließend mit einem Kochlöffel zu der gewünschten Größe portionieren. Die Laibchen auf einem Backpapier im vorgeheizten Ofen bei 200°C Heißluft ca. 15 bis 20 Minuten (je nach Größe) lang backen.

POCHIERTES EI MIT EIERSCHWAMMERL, AVOCADO UND TOMATENMARMELADE

> Schon wieder Semmel zum Frühstück? – Gähn! Ein solches Frühstück nimmt einem die Energie, dabei ist der Start in den Tag doch so wichtig. Diese Alternative überzeugt nicht nur im Geschmack, sondern kommt mit ganz vielen schmackhaften und wertvollen Zutaten daher. Danach kann der Tag nur ein Erfolg werden! Probiere es aus!

Zutaten (für 4 Personen):

4	Eier von glücklichen Hühnern
160 g	kleine Eierschwammerl (Pfifferlinge)
1 Stk.	Avocado
1 Zweig	Rosmarin
1 EL	Tomatenmarmelade

Olivenöl

Salz, Pfeffer

getrocknete Liebstöckel

Sonnenblumenkerne

Ein Rezept zur Tomatenmarmelade findest Du auf www.essenlieben.com

Zubereitung:

Die Eier pochieren oder im Dampfgarer bei 68°C für 24 Minuten garen. Die Avocado in Würfel schneiden und mit Olivenöl, Salz, Pfeffer und getrocknetem Liebstöckel würzen. Die Eierschwammerl in einer Pfanne mit Olivenöl und dem Rosmarin anschwitzen. Dann die Avocado, Eierschwammerl und das Ei übereinander anrichten und mit gerösteten Sonnenblumenkernen und Tomatenmarmelade garnieren.

Bon Appetit!

BRENNNESSELSPINAT MIT POCHIERTEM EI UND GEBRATENEN MELANZANISCHEIBEN

Zutaten (für 4 Personen):

300 g	passierter Spinat (gibt es auch tiefgekühlt)
200 g	blanchierte Brennnesselblätter
100 ml	Olivenöl
2 Stk.	Melanzani (Aubergine)
4	Eier

Salz, Pfeffer und Muskat

Tipp: *Du kannst dieses Gericht natürlich auch ohne Brennnessel zubereiten und einfach mehr Spinat nehmen.*

Zubereitung:

Die Melanzani in dünne Scheiben schneiden, mit Salz und Pfeffer würzen und in Olivenöl braten. Den passierten Spinat erhitzen und zusammen mit den mit den blanchierten Brennnesselblättern und dem Olivenöl in einen Mixer geben und würzen. Die Eier pochieren (ca. 2-4 Minuten in nicht mehr kochendem Wasser).

Anrichten und fertig!

STEINPILZE MIT ZUCCHININUDELN UND ZWIEBELMARMELADE

Zucchininudeln sind eine feine Alternative zur Pasta aus Getreide, schmecken köstlich und tun Geist und Körper gut.

Zubereitung Zwiebelmarmelade:

Zwiebeln halbieren und in Scheiben schneiden. In Olivenöl mit Knoblauch scharf anbraten und mit Rotwein und Balsamico ablöschen. Honig dazugeben. Gut verkochen, bis die ganze Flüssigkeit verdampft ist. Mit Rosmarin und Salz abschmecken.

Zubereitung Zucchininudeln:

Für die Zucchininudeln die Zucchini im Gemüsespitzer verarbeiten oder in Streifen schneiden. Kurz in Olivenöl anbraten und würzen. Die Steinpilze blättrig schneiden und in Olivenöl mit Salz, Pfeffer und etwas Knoblauch anbraten. Nun mit gerösteten Pinienkernen und Kresse garnieren.

Zutaten (für 4 Personen):

1 Stk.	gelbe Zucchini
1 Stk.	grüne Zucchini
2 Stk.	weiße Zwiebeln
250 g	frische Steinpilze (oder andere Pilze, z.B. Champignons)
1 EL	gehackte Petersilie
1 Zweig	Rosmarin fein geschnitten
1	Knoblauchzehe fein geschnitten
200 ml	Rotwein
50 ml	Balsamico
2 EL	Honig

Salz, Pfeffer, Olivenöl

geröstete Pinienkerne und Kresse zum Garnieren

GETREIDEBURGER

Zutaten (für 4 Personen):

60 g	Kornmischung
60 g	Dinkelreis
30 g	Couscous
20 g	Dinkelvollkornmehl
30 g	Amarant
1	Ei
1	Eidotter
1 Bund	gehackte Petersilie
1 Bund	gehackter Koriander
1 Bund	gehackter Basilikum
1 Stk.	Gurke
1 Becher	Crème fraîche

Olivenöl, Curry, Kreuzkümmel
Salz, Pfeffer, Erdnusspaste
Bittersalat

Dieser Getreideburger ist wunderbar würzig, cremig und erfrischend zugleich. Viel Erfolg beim Nachkochen und besonders viel Genuss beim Kosten!

Zubereitung:

Kornmischung und Couscous ca. 10 Minuten lang weich kochen, danach kalt abschrecken und gut abtropfen. Mit Ei, Gewürzen, Amarant und Dinkelvollkornmehl vermischen. Die Kräuter hinzugeben und die Masse kalt stellen. Insgesamt 10 Minuten ziehen lassen, dann die Burger-Buns formen und in etwas Olivenöl knusprig braten. Nun die Buns mit Erdnusspaste, Bittersalat, Gurken und Crème fraîche füllen.

GEMÜSESPIESSE MIT TOFU

> Diese Gemüsespieße sind wirklich ein Kinderspiel. Einfach das Lieblingsgemüse mit Tofu aufspießen und auf den Grill legen. Beim Würzen sind der Kreativität keine Grenzen gesetzt. Viel Vergnügen!

Zubereitung:

Das Gemüse waschen, aufschneiden und gemeinsam mit dem Tofu aufspießen und grillen. Mit Zitronenöl, Salz und Pfeffer würzen. Alternativ können auch andere Gewürze und Gemüsearten verwendet werden.

Zutaten
(für beliebig viele Personen):

Zucchini

rote Paprika

Knoblauch

Zwiebel

Tofu

Tomaten

QUINOASALAT MIT GRAPEFRUIT UND STANGENSELLERIE

Zutaten (für 4 Personen):

200 g	roter Quinoa
2 Stk.	Stangensellerie, roh und fein geschnitten
2-3 EL	Reisessig
3-4 EL	Distelöl
2 EL	fein geschnittene Petersilie

Saft und Filet einer Grapefruit

Salz, Pfeffer

Agavendicksaft (nach Belieben)

Tipp: *Ich gebe gerne als Topping etwas Ziegenfrischkäse auf den Salat!*

Dieser Quinoasalat mit Grapefruit und Stangensellerie ist nicht nur leicht und bekömmlich, sondern eignet sich auch hervorragend als Snack oder Mittagessen für unterwegs. Außerdem kannst Du diesen Quinoasalat sehr schnell zubereiten. Ich habe für die Zubereitung roten Quinoa verwendet, weil er in der Kombination besonders schön ausschaut. Ich wünsche Dir viel Freude bei der Zubereitung und natürlich vor allem beim Genießen!

Zubereitung:

Den Quinoa 20 Minuten in Salzwasser kochen. Danach den Quinoa mit den Grapefruitfilets und dem Saft der Grapefruit vermischen. Den Stangensellerie und die Petersilie dazugeben und mit Reisessig, Distelöl, Salz, Pfeffer und Agavendicksaft nach Belieben abschmecken.

SPARGEL-MORCHELEINTOPF

„ Weißer und grüner Spargel sind zwar völlig unterschiedlich, können aber wunderbar kombiniert werden. Unser "Spargel-Morcheleintopf" ist ein wirkliches Geschmackserlebnis und sorgt für einen Wow-Effekt auf der Zunge! Für wen Morcheln noch Neuland sind, der wird vom außergewöhnlich guten Geschmack dieser Pilze überrascht sein. Bleibt nun nur noch zu sagen: Mahlzeit!

Zutaten für den Spargel
(für 4 Personen):

6 Stk.	weißer Spargel (gekocht)
4 Stk.	grüner Spargel (blanchiert)
8 Stk.	Morcheln
100 g	Buchenpilze

Muskat

Frische Lieblingskräuter (z.B. Kerbel, Petersilie, Schnittlauch)

etwas Butter

Zutaten für die Sauce
(für 4 Personen):

1/4 l	Spargelfond (vom gekochten weißen Spargel) Endstücke vom weißen Spargel

Zubereitung:

Den weißen Spargel schälen, die Endstücke abschneiden (3-4cm lang, für die Sauce aufbewahren) in heißem Salzwasser, einem Spritzer Agavendicksaft und etwas Butter behutsam kochen. Den grünen Spargel in heißem Wasser kurz blanchieren und anschließend sofort im Eiswasser abschrecken. Den Spargel, die Morcheln und Buchenpilze in "daumennagelgroße" Stücke schneiden und in Olivenöl anschwenken. Für die Sauce den Spargelfond und die Enden des weißen Spargels 3-4 Minuten lang durchmixen und nach Bedarf mit Salz, Pfeffer und Kräutern nachwürzen. Die Spargel- und Pilzstücke in die sämige Sauce hineingeben und mit frischen Kräuter garnieren.

Tipp: *Passt auch hervorragend zu Kartoffeln!*

WARMER GEBRATENER GEMÜSESALAT

Zutaten (für 4 Personen):

1 Stk.	Zucchini (grün)
1 Stk.	Aubergine
1 Stk.	Spitzpaprika
1 Stk.	Zwiebel
1-2	Knoblauchzehen
3 Stk.	frische Tomaten
3 EL	Rosmarin fein geschnitten
3 EL	Thymian fein geschnitten
3-4 EL	Reisessig
1-2 EL	Balsamico

Honig und Agavendicksaft nach Belieben

Salz, Pfeffer, Olivenöl

Getrocknete Tomaten und Kresse zum Garnieren

Dieses Rezept für den warmen gebratenen Gemüsesalat ist ganz einfach umzusetzen. Der Gemüsesalat schmeckt sowohl warm als auch kalt und eignet sich daher auch sehr gut, um ihn unterwegs zu verzehren. Viel Freude bei der Zubereitung!

Zubereitung:

Das Gemüse nach Belieben schneiden und in einer Pfanne mit Olivenöl gut anbraten. Mit Reisessig und Balsamico ablöschen. Dann mit Rosmarin, Thymian, Salz, Pfeffer, Honig und Agavendicksaft würzen und reichlich Olivenöl darüber geben. Zum Schluss anrichten und garnieren. Fertig!

GEFÜLLTE AUBERGINENSCHEIBEN MIT GEBRATENER SÜSSKARTOFFEL UND ERBSEN

Unsere gefüllten Auberginenscheiben mit gebratener Süßkartoffel und Erbsen sehen aus wie der Sommer. Ist einmal ein Happen im Mund gelandet, dann ist sowieso alles klar: Dieses Gericht muss ab sofort mindestens einmal die Woche auf unseren Teller.

Zutaten (für 4 Personen):

1 Stk.	Aubergine
2 Stk.	Süßkartoffel
100 g	frische Erbsen

Olivenöl

Salz, Pfeffer

fein gehackte Kräuter (Oregano, Petersilie, Rosmarin, Basilikum)

Agavendicksaft

Kräuter und Blüten zum Garnieren

Zubereitung:

Die Aubergine in dünne Scheiben schneiden und in Olivenöl anbraten, bis sie eine schöne Farbe haben. Mehrfach wenden und mit Salz und Pfeffer würzen. Eine der Süßkartoffeln schälen, in Würfel schneiden und weich dämpfen (od. weichkochen). Aus dem Dämpfer oder Wasser nehmen und vorsichtig mit der Gabel zerdrücken. Mit Olivenöl, Salz und Pfeffer gut würzen und mit einem EL frische Kräuter vermischen. Aus der Masse einen Stampf machen.

Die andere Süßkartoffel in fingerdicke Scheiben schneiden, in Olivenöl anbraten und würzen. Den Stampf auf die Auberginenscheiben geben und zusammenrollen. Die Rollen auf die gebratenen Süßkartoffelstücke geben. Die frischen Erbsen puhlen, blanchieren und in Olivenöl anschwitzen. Mit Salz und ggf. Agavendicksaft würzen. Anschließend die Erbsen und Blüten zum Garnieren der Auberginenrollen verwenden.

ARTISCHOCKENGRÖSTL

Zutaten (für 4 Personen):

2 Stk.	große Artischocken, fein blättrig geschnitten
2 Stk.	violette Kartoffeln
2 Stk.	Sauerkleeknollen
2 Stk.	Kerbelknollen
2 Stk.	Perlzwiebeln
2 Stk.	Knoblauchzehen
1 Bund	grüner Spargel

schwarze Oliven halbiert, Bärlauch, Thymian, Bachkresse

Crème fraîche zum Garnieren

Olivenöl

Salz, Pfeffer

„Was gibt es schmackhafteres, als gegrilltes Gemüse? Wenn dieses dann auch noch mit allerlei Kräutern und feinem Olivenöl verfeinert wird, entsteht dabei ein mediterranes Gericht, welches auf jeder Sommerparty überzeugt. Viel Vergnügen beim Nachkochen!

Zubereitung:

Für die Zubereitung der Artischocken Latexhandschuhe anziehen, damit sich die Hände nicht schwarz färben. Die Artischocken schälen und in Zitronenwasser einlegen. Die Kartoffeln kochen und in schmale Scheiben schneiden. Anschließend gemeinsam mit den Artischocken, Zwiebeln, Knoblauch, Sauerkleeknollen, Kerbelknollen und grünem Spargel in Olivenöl anbraten. Die Oliven und Kräuter dazu geben und mit Salz und Pfeffer würzen (nur wenig, da die Kräuter und das Gemüse angeröstet schon sehr würzig sind). Mit Crème fraîche und Bachkresse garnieren.

SELLERIEPÜREE MIT KÜRBIS UND ROTE RÜBEN-KREN-SALAT

Zubereitung Selleriepüree:

½ Knolle Sellerie in Salzwasser und einem Spritzer Olivenöl weich kochen. Einen Zweig Rosmarin dazu geben und abseihen. Mit 100 ml Brühe und 100 ml Rapsöl im Mixer fein mixen.

Zubereitung Kürbis und Rote Rüben-Kren-Salat

Zitronenöl in einer Pfanne erwärmen, Rote Rüben darin anschwitzen und Salz, Pfeffer, Kren, ein Spritzer Balsamico, ein kleiner Löffel Honig und fein gehackten Rosmarin beigeben und solange dünsten, bis die Flüssigkeit verkocht ist.

In der Zwischenzeit die Kürbis-Würfel mit Salz und Pfeffer würzen und in Olivenöl von allen Seiten gleichmäßig anbraten.

Anschließend die Kürbiswürfel mit dem Selleriepüree und dem Rote Rüben-Kren-Salat anrichten. Nach Belieben mit Kräutern, Kürbiskernen und etwas Kürbiskernöl verzieren und anrichten.

Zutaten Selleriepüree (für 4 Personen):

½ Knolle Sellerie
1 Zweig Rosmarin
100 ml Brühe
100 ml Rapsöl
Olivenöl

Zutaten Kürbis und Rote Rüben-Kren-Salat (für 4 Personen):

8 Stk.	gleichmäßige Würfel aus Kürbis (ca. 2 cm an jeder Seite)
2 Stk.	gekochte Rote Rüben (grob reiben)
2 EL	geriebener Kren

Salz, Pfeffer, Balsamico, etwas Honig
Rosmarin fein gehackt

ERDÄPFELSCHEIBEN MIT ERDÄPFELKÄS

Ein tolles Gericht, welches herrlich zu Brot, Rohschinken und Fisch passt.

Zutaten (für 4 Personen):

4 Stk.	speckige Kartoffeln
4 Stk.	mehlige Kartoffeln für die Scheiben
1 Stk.	Knoblauchzehe
2 EL	Schnittlauch fein geschnitten
1-2 EL	Sauerrahm (nach Belieben)

Salz, Pfeffer
Muskatnuss
Olivenöl

Zubereitung:

Die Kartoffeln weichkochen, schälen, reiben und mit den Kräutern, Gewürzen und dem Sauerrahm vermischen, so dass sich eine cremige Konsistenz ergibt. Nun etwas ziehen lassen und nochmal mit Salz und Pfeffer abschmecken.

Für die Scheiben die Kartoffeln in dickere Scheiben schneiden und mit Salz und Pfeffer in Olivenöl anbraten.

Anschließend den Erdäpfelkäs auf die Erdäpfelscheiben streichen und genießen!

GNOCCHI MIT TOPINAMBUR, TRAUBEN UND NÜSSEN

„Dank unserer italienischen Nachbarn kommen wir in den Genuss von Gnocchi und diese schmecken wirklich am besten, wenn man sie selbst zubereitet. Die Kombination mit Trauben und Nüssen scheint speziell, doch dieses Gericht wird sicherlich fix in den Speiseplan eingebaut, wenn man es erst einmal probiert hat.

Zubereitung:

Für die Gnocchi die Kartoffeln (unbedingt mehlig, ansonsten eine Ofenkartoffel verwenden) mit Schale kochen, schälen (wenn die Kartoffel noch heiß ist!) und durch eine Kartoffelpresse durchdrücken. Das Eidotter, die Kartoffelstärke und Salz hinzufügen und vermengen. Dann aus dem Teig eine schmale Rolle formen und in kleine Stücke schneiden. Nun kurz kochen oder mit Olivenöl anbraten.

Den Topinambur in dünne Scheiben schneiden, in Olivenöl anbraten und mit der Gemüsebrühe aufgießen. Gut verkochen lassen und mit Salz, Pfeffer, Rosmarin, Thymian und geriebener Muskatnuss würzen. Anschließend mixen und passieren (darf ruhig flüssiger werden). Die Trauben schälen und entkernen. Die Nüsse in einer Pfanne erwärmen und gemeinsam mit den Gnocchi anrichten (siehe Foto).

Zutaten für die Sauce
(für 4 Personen):

7 Stk.	Topinambur gewaschen und geschnitten
250 ml	Gemüsebrühe
20 Stk.	Trauben geschält und entkernt

Salz, Pfeffer

Muskatnuss gerieben

Rosmarin, Thymian

Nüsse (z.B. Pekannüsse)

Zutaten für die Gnocchi
(für 4 Personen):

400 g	mehlige Kartoffeln geschält, gekocht und durchpassiert
100 g	Kartoffelstärke
1	Eidotter
Salz	

ORANGENEISTEE

Zutaten (für 4 Personen):

10 Stk.	Saftorangen
180 ml	Schwarztee
4 EL	Agavendicksaft oder Honig
1 Stk.	Limette

„Ein wahrgewordener Traum ist dieser Orangeneistee mit Schwarztee! Wenn der Sommer eine Geschmacksrichtung hätte, dann wäre es diese! Viel Vergnügen!

Zubereitung:

Die Orangen pressen und durch ein Sieb passieren. Anschließend eine Stunde lang auf einem Blech einfrieren. Danach die gefrorene Masse mit einer Spachtel zerkleinern und mit kaltem Schwarztee und Agavendicksaft aufgießen. Je nach Geschmack mit etwas Limettensaft verfeinern und mit Minze garnieren!

HULK POWERDRINK

Es braucht nicht viel, um sich wohl zu fühlen und sein Leben zu genießen. Auf seine Linie zu achten, muss und soll auf keinen Fall Verzicht bedeuten. Der Hulk ist ein tolles Getränk, das Dir beispielsweise schon morgens viel Kraft für den Tag gibt und dabei wirklich schmackhaft ist.

Zubereitung Ingwertee:
Für den Ingwertee einfach hauchdünne Ingwerscheiben schneiden und in nicht mehr kochendem Wasser 8-10 Minuten ziehen lassen.

Zubereitung Hulk Powerdrink:
Alle Zutaten in einem Mixer oder mit einem Mixstab durchmixen, fertig!

Tipp: *Du kannst alternativ auch fertigen Ingwertee nehmen.*

Zutaten (für 4 Personen):

2 Stk.	Stangensellerie
200 ml	Ingwertee
250 ml	naturtrüber Apfelsaft
50 g	Blattspinat
4 Stk.	Minzblätter

Saft von 1 Zitrone

1 Spritzer Agavendicksaft oder Honig

1 Spritzer Olivenöl

HOLLER-GURKENLIMONADE MIT INGWER UND MINZE

Zutaten (für 4 Personen):

1 Stk.	Salatgurke
30 g	Ingwer
500 ml	Essen Lieben Hollersirup (Hollundersirup)
10 Stk.	Minzblätter
4 Stk.	Eiswürfel

Das Rezept zum Hollersirup findest Du auf www.essenlieben.com

Wer an heiße Sommertage denkt, der denkt auch an kühle Erfrischungsgetränke. Leider sind diese meist mit viel Zucker zubereitet. Daher ist es nur vorteilhaft, selbst kreativ zu werden und einen kühlen Drink für die ganze Familie zuzubereiten! Diese Kombination aus Holler, Gurke, Ingwer und Minze macht garantiert ganz viel Spaß!

Zubereitung:

Die Gurke waschen und klein schneiden (muss nicht geschält oder entkernt werden). Gemeinsam mit dem geriebenen Ingwer, Hollersirup, Minze und vier Eiswürfeln gut durchmixen. Anschließend durchseihen.

Tipp: *Auf einem kleinen Holzspieß Ingwer und Gurke aufziehen und als Dekoration verwenden. Dieser Drink kann mit Wodka oder Gin als Cocktail verwendet werden.*

HULK 2.0

" Wenn es am Morgen auch mal schnell gehen muss, eignen sich unsere Powerdrinks, wie zum Beispiel der "Hulk 2.0" optimal, um viele Vitamine zu sich nehmen und dabei keine Zeit zu verlieren. Wer da keine Superkräfte entwickelt, der ist wahrscheinlich schon stark genug.

Zubereitung:

Alle Zutaten zusammen in den Mixer geben und passieren.

Zutaten (für 2 Personen):

1 Stk.	grüne Paprika
3 Stk.	Kiwi geschält
1 Stange	Sellerie
1 Stk.	kleine Ingwerknolle gerieben
300 ml	Apfelsaft
1 Stk.	gepresste Zitrone
1 Hand voll Spinatblätter	
Agavendicksaft	

ROTKÄPPCHEN

Zutaten (für 4 Personen):

1 Stk.	rote Paprika
250 g	Erdbeeren
200 ml	Melissensirup

Saft einer Zitrone

1 Messerspitze Kardamom

Szechuanpfeffer

„Sommer bedeutet auch frisches Obst, knackiges Gemüse und saftige Beeren. Einen Drink am Morgen mit wertvollen Zutaten wie Paprika, Erdbeeren, Zitrone und Gewürzen ist genau das richtige, um voll los zu starten! Und wenn der rote Powersaft dann auch noch den bezaubernden Namen "Rotkäppchen" trägt, muss man ihn einfach ausprobieren!

Zubereitung:

Alle Zutaten in einem geeigneten Standmixer mixen.

HAFER-DÖRRZWETSCHGENDRINK

An kühlen Herbsttagen freuen wir uns auf Kaminfeuer, Tee und Suppe. Klar, Wärme schenkt Geborgenheit, doch auch Drinks aus Zutaten, die uns guttun und auf den ersten Blick vielleicht außergewöhnlich erscheinen, helfen uns dabei, den Herbst munter zu erleben.

Zubereitung:

Die Milch in einem Topf erwärmen und die weiteren Zutaten hinzufügen. In einem Mixer gut durchmixen und mit Agavendicksaft abschmecken. Der Drink muss nicht passiert werden, denn die Cremigkeit überzeugt.

Zutaten (für 2 Personen):

500 ml	Schafsmilch
1 EL	Kokosflocken
7 EL	Hafermark
2 EL	Kakao
8 Stk.	Dörrzwetschgen
2 Stk.	Kardamom
Agavendicksaft	

REINANKE MIT PFIFFERLINGEN, BROKKOLI, ROMANAHERZEN UND PINIENKERNEN

Der Sommer ruft nach leichtem Essen! Daher eignen sich vor allem zu dieser Jahreszeit vielseitige Fischgerichte, die Freude machen. Die feinen Reinankenfilets werden in diesem Rezept mit Eierschwammerl und Brokkoli gepaart und zum Schluss mit Pinienkernen und Kernöl verfeinert. Ein Genuss! Viel Vergnügen!

Zutaten (für 4 Personen):

- 4 Stk. Reinankenfilets á ca. 100g
- 50 g Romanaherzen
- 100 g Brokkoli
- 100 g Eierschwammerl (Pfifferlinge)
- 1 Stk. Knoblauchzehe
- Olivenöl
- Salz, Pfeffer
- Pinienkerne
- Kernöl

Zubereitung:

Die Filets salzen und pfeffern und in einer beschichteten Pfanne (da der Fisch sonst anhaften könnte) mit Olivenöl anbraten. Überwiegend auf der Hautseite und nur kurz auf der anderen Seite anbraten. Bei Bedarf kann etwas Zitronensaft auf den Fisch geträufelt werden.

Den Brokkoli in kleine Rösschen schneiden (etwa die selbe Größe wie die Eierschwammerl) und gemeinsam mit den Eierschwammerl in einer Pfanne mit etwas Olivenöl schwenken. Knoblauch, Salz und Pfeffer dazu geben und die Romanaherzen kurz mitschwenken. Nun den Fisch auf dem Gemüse servieren und mit gerösteten Pinienkernen und Kernöl garnieren.

LACHSSCHNITTE MIT APFEL, RADICCHIO UND TOPINAMBUR

„ Fisch kann man zu jeder Jahreszeit mit saisonalem Gemüse kombinieren, so wie in diesem Gericht mit Radicchio, Fenchel, Apfel und Maroni. Eine tolle Kombination, die wirklich Freude macht!

Zubereitung:

Den Lachs mit Salz, Pfeffer und Zitronensaft würzen und in einer Pfanne mit Olivenöl auf der Hautseite kross anbraten.

Die Blätter vom Radicchio lösen und im handwarmen Wasser einlegen, wodurch die Bitterstoffe entfernt werden. Dann in einer Salatschleuder trocknen und in feine Streifen schneiden. Die Äpfel blättrig oder in kleine Würfel und den Fenchel in feine Streifen schneiden. Die Maroni ebenfalls in dünne Scheiben schneiden.

Dann in einer Pfanne mit Olivenöl die fein geschnittene Knoblauchzehe schmelzen lassen und das restliche Gemüse dazu geben. Nun mit Agavendicksaft, etwas Balsamico, Salz und Pfeffer würzen.

Den Topinambur mit einer Bürste säubern, in Scheiben schneiden und in Olivenöl anbraten.

Nun alles gemeinsam auf einem Teller anrichten und genießen.

Zutaten (für 4 Personen):

4 Stk.	Lachsfilet (je 100-120g, auf gute Qualität achten, Wildlachs eignet sich sehr gut)
100 g	Radicchio
60 g	Apfel
60 g	Fenchel
4 Stk.	Topinambur
1 Stk.	Knoblauchzehe
	Salz, Pfeffer
	Zitrone
	Olivenöl
	Agavendicksaft
	Maronischeiben
	Balsamico

SAIBLING MIT MELONEN-BROKKOLIGEMÜSE, SALZMANDELN UND PINIENKERNEN

Zutaten (für 4 Personen):

4 Stk.	Saibling (je 90-100 g)
	Saft von einer frischen Zitrone
1 Stk.	Melone (Zucker- oder Honigmelone)
1 Stk.	Brokkoli

Mandeln, Pinienkerne

Basilikum

Olivenöl

Salz, Pfeffer

„Einen heimischen Fisch zuzubereiten, macht immer besonders viel Freude und die Kombinationsmöglichkeiten sind unbegrenzt! Das ungewöhnliche Paar Melone und Brokkoli ergibt so viel Sinn, dass Du dich am Ende fragen wirst, weshalb Du die beiden bisher noch nie zusammen erlebt hast. Finde es heraus! Viel Vergnügen

Zubereitung:

Den Saibling mit Salz, Pfeffer und Zitronensaft würzen und in einer Pfanne mit Olivenöl auf der Hautseite knusprig braten, auf der anderen Seite nur kurz braten. Die Melone in kleine Würfel schneiden (so groß wie die Brokkolistücke). Den Brokkoli in einer Pfanne mit Olivenöl schmoren und anschließend die Melone dazu geben, schmelzen lassen. Nun die Mandeln und Pinienkerne dazugeben und mit Salz und Pfeffer würzen. Den Fisch auf einem Teller anrichten, das Gemüse dazugeben, mit Olivenöl beträufeln und mit Basilikum garnieren.

ROH MARINIERTER THUNFISCH MIT BLAUKRAUT, MARONI, KÜRBIS UND SOJA-GLASUR

So ein Thunfisch kann Freude machen, vor allem wenn er asiatisch mariniert und mit herrlichen Herbstzutaten wie Blaukraut, Maroni und Kürbis gepaart wird.

Zubereitung:

Den Thunfisch leicht plattieren. Für die Marinade den Ingwer, die Orangen, Sojasauce, Agavendicksaft, Knoblauchzehen und die Zitrone zu einer zähflüssigen Marinade einkochen. Dann den Thunfisch zwei Minuten darin einlegen oder alternativ bepinseln, falls es milder schmecken soll.

Für das Gemüse das Blaukraut fein schneiden und mit Balsamico, Distelöl, Salz, Pfeffer und Agavendicksaft marinieren. Dann die Kürbisspalten und die Maroni leicht anbraten und mit Agavendicksaft glasieren. Ein Tropfen Kernöl und die Kräuter dazugeben.

Nun alles zusammen anrichten und bei Bedarf noch ein paar Tropfen der Thunfischmarinade darüber geben. Viel Vergnügen!

Zutaten für den Thunfisch
(für 4 Personen):

4 Stk.	Thunfisch (80-100 g)
80 g	Ingwer roh gerieben
200 ml	Sojasauce
100 ml	Agavendicksaft
2 Stk.	Knoblauchzehen ganz fein geschnitten

Saft und Abrieb von 1 Stk. Zitrone

Saft und Abrieb von 3 Stk. Orangen

Zutaten für das Gemüse
(für 4 Personen):

60 g Blaukraut fein geschnitten

Balsamico

Distelöl

Salz, Pfeffer

Agavendicksaft

Kürbisspalten

Maroni

Kernöl

Rosmarin oder Thymian

KABELJAU IM ROTEN RÜBENSUD MIT KERBELKNOLLE & SAUERRAHM

Zutaten (für 4 Personen):

4 Stk.	Kabeljau (je ca. 80-100 g)
8 Stk.	Kerbelknollen (geviertelt)
2 Stk.	Rote Rüben gerieben
1 Stk.	Schalotte
1/2	Knoblauchzehe
1/8 l	Roter Rübensaft
1/2 l	Gemüsebrühe
1 Becher	Sauerrahm oder Crème fraîche

gekochte Gelbe & Rote Rüben

Kräuter, Salz, Zitrone, Olivenöl, Pfeffer, Agavendicksaft

Reisessig oder Balsamico

Zitronenöl

„Das Auge isst bekanntlich mit. Ein wunderschönes Farbenspiel gelingt Dir mit unserem Kabeljau im roten Rübensud mit Kerbelknolle & Sauerrahm. Viele wertvolle Zutaten, die zusammen ein echtes Geschmackserlebnis bieten. Viel Vergnügen!

Zubereitung:

Die Roten Rüben grob reiben und mit der fein geschnittenen Schalotte und Knoblauch in Olivenöl kurz anschwitzen. Dann mit der Gemüsebrühe und dem roten Rübensaft aufgießen. Insgesamt 15 Minuten verkochen lassen, mit den Gewürzen (Salz, Pfeffer, Agavendicksaft, Reisessig und einem Spritzer Zitronenöl) abschmecken und durch ein feines Sieb passieren. Den Kabeljau mit Olivenöl, Salz, Pfeffer und Zitronensaft würzen und 5 Minuten lang auf 90°C dämpfen (alternativ vorsichtig von beiden Seiten anbraten). Die Kerbelknollen, gekochte Rüben und wahlweise Topinambur anbraten und das Gericht anschließend mit Sauerrahm oder Crème fraîche und Kräutern garnieren.

GEGRILLTER WILDLACHS MIT LANGOSTINOS, KNOBLAUCH, HONIGGLASUR UND JUNGEM SPINAT

Beim Grillen gibt es so viele Möglichkeiten und doch gibt es meistens das Gleiche. Für eine willkommene Abwechslung sorgt dieses Gericht mit herrlichem Wildlachs und Langostinos. Dazu gibt es jungen Spinat und saftige Cocktailtomaten. Sommer pur! Viel Genuss!

Zubereitung:

Die Zutaten für die Glasur sirupartig einkochen. Den Lachs und die Langostinos mit Salz und Pfeffer würzen und grillen. Anschließend mit der Glasur bestreichen. Die Cocktailtomaten ebenfalls würzen und auf den Grill geben.

Frischen Blattspinat kurz in Olivenöl andünsten und mit Salz, Pfeffer und Muskat würzen.

Den Spinat auf den Teller geben, Lachs, Langostinos und Tomaten oben drauf geben und bei Bedarf mit dem Rest der Glasur beträufeln. Als Topping eignen sich geröstete Pinienkerne oder Nüsse.

Zutaten für den Lachs
(für 4 Personen):

4 Stk.	Wildlachs á 130 g
4 Stk.	Langostinos geschält
150 g	Blattspinat

ein paar Cocktailtomaten

geröstete Pinienkerne (oder andere Nüsse)

Zutaten für die Glasur
(für 4 Personen):

100 ml	Agavandicksaft oder Honig
100 ml	Zitronensaft
3-4 Stk.	Knoblauchzehen geschnitten

GEFÜLLTE RÖSTI MIT RÄUCHERFISCH UND SAUERRAHM

Zutaten (für 4 Personen):

2 Stk.	speckige Kartoffeln
2 Stk.	rote Paprika
250 g	Räucherfisch
4 EL	Crème fraîche

etwas Blattsalat

Salz, Pfeffer

Agavendicksaft

Olivenöl

Zubereitung:

Die Kartoffeln roh schälen und hauchdünn mithilfe einer Aufschnitt- oder Brotmaschine aufschneiden. Dann nochmal in längliche Streifen schneiden und in kaltes Wasser geben. Anschließend in ein Sieb geben und mit einem Tuch ausdrücken, bis keine Flüssigkeit mehr herauskommt.

In einer beschichteten Pfanne das Olivenöl erhitzen und kleine Häufchen der Kartoffelstreifen hineingeben. Diese mit einer Palette in Form bringen, gut anpressen, jedoch nicht verbrennen lassen. Erst dann wenden, wenn sie bereits eine schöne Farbe bekommen haben.

Dann auf einem Küchenkrepp salzen und mit Räucherfisch, Blattsalat und Crème fraîche füllen.

ROH MARINIERTER SPARGEL MIT GEBRATENEM TARDIVO UND GEBEIZTER FORELLE

Die Spargelsaison ist sicherlich eine der schönsten Zeiten im Jahr, denn die Zubereitungmöglichkeiten für dieses tolle Gemüse sind unendlich groß. Eine besonders leichte und sommerliche Version habe ich mit diesem Gericht für Dich kreiert! Viel Freude!

Zutaten für den Spargel (für 4 Personen):

- 2 Stk. Tardivo (Radicchio)
- 2 Stk. gebeizte Forellenfilets á 100 g
- 2 Stk. weißen Spargel
- Zitronenöl
- Balsamico
- Salz
- Agavendicksaft
- Zitrone
- Mönchsbart (auch Salzkraut genannt)

Zubereitung:

Den Spargel schälen. Anschließend hauchdünne Streifen (längs) mit einer Hobel oder ähnlichem herunterschneiden. Mit Zitronenöl, Salz, Pfeffer, Agavendicksaft und Zitronensaft würzen. Durch die Marinade ist der Spargel roh genießbar und bekömmlich. Den Tardivo vierteln und in Olivenöl anbraten. Mit Salz und Pfeffer würzen und anschließend mit einem guten Balsamico ablöschen. Den Fisch in Scheiben schneiden (ob dick oder dünn) und gemeinsam mit dem Spargel und Tardivo anrichten. Zum Schluss mit gehacktem Mönchsbart garnieren. Fertig ist eine herrliche Frühlingsvorspeise!

HÜHNERSPIESSE MIT ERDNUSS-ENDIVIEN-PASTE

Zutaten für die Paste

(für 4 Personen):

1/2 Kopf Endiviensalat

200 g Erdnüsse

200 ml Gemüsebrühe

2 EL Erdnussbutter

1 Stk. Knoblauchzehe

1 Stk. Chilischote

Salz, Pfeffer, Olivenöl

Zutaten für die Spieße

(für 4 Personen):

4 Stk. Hühnerbrüste

Salz, Knoblauch, Chili, Distelöl, Curry, Ingwer, schwarzer Sesam, Sojasauce, Agavendicksaft

Salz, Pfeffer, Olivenöl

„Die Hühnerspieße mit Erdnuss-Endivien-Paste schmecken nach Frühling, Tatendrang und fernen Welten. Bei Geflügel sollte man besonders auf die Herkunft achten, denn die Massentierhaltungen sind hier sehr bedenklich. Bei Fleisch gilt – so wie bei vielem im Leben – lieber Qualität anstatt Quantität.

Zubereitung:

Den Endiviensalat waschen und zerkleinern. Den Salat mit dem Knoblauch in Olivenöl anschwitzen und mit der Gemüsebrühe aufgießen. Die restlichen Zutaten hinzufügen und alles gemeinsam zu einer Masse mixen.

Die Hühnerbrüste in fingerdicke Scheiben schneiden und auf Holzspieße stecken. Mit Salz, Knoblauch, Chili, Distelöl, Curry, Ingwer, schwarzem Sesam, Sojasauce und Agavendicksaft marinieren. Auf beiden Seiten gleichmäßig anbraten. Beim Braten das Fleisch etwas andrücken, dann wird es noch besser.

STUBENKÜKEN UND SCHMORGEMÜSE MIT COGNAC FLAMBIERT

„Was für ein Genuss: Mediterranes Schmorgemüse mit Steinpilzen und zartem Stubenküken. Das Flambieren mit Cognac sorgt für den letzten Schliff und einen besonderen Showeffekt in der Küche. Viel Freude damit!

Zubereitung:

Brüste und Keulen mit Salz und Pfeffer würzen und von beiden Seiten in Olivenöl mit den Knoblauchzehen und etwas Rosmarin anbraten (wenn man die Knochen vorher entfernt, lässt sich das Fleisch noch besser anbraten). Die Haut abziehen, zur Seite legen und das Fleisch weiter anbraten. Das Küken dann im Ofen weiterziehen lassen. In der selben Pfanne die Perlzwiebeln (je nach Größe halbieren) mit den geschnittenen Paprikastreifen, Zucchiniblüten und Steinpilzen anbraten, bis ein Schmorgemüse entsteht. Mit Salz, Pfeffer, Rosmarin und Agavendicksaft abschmecken. Die Filets und die Haut in die Pfanne dazugeben und gemeinsam mit dem Gemüse mit Cognac flambieren.

Anschließend auf einem Teller anrichten und genießen!

Zutaten (für 4 Personen):

3 Stk.	Brust vom Stubenküken
3 Stk.	Haxerl (Keule) vom Stubenküken
5 Stk.	Knoblauchzehen
10 Stk.	Perlzwiebeln
1 EL	Rosmarin fein gehackt
2 Stk.	Minipaprika
2 Stk.	Steinpilze
2 Stk.	Zucchiniblüten

Agavendicksaft

Olivenöl

Cognac zum Flambieren

Salz, Pfeffer

HÜHNERSPIESSE MIT GRÜNEN BOHNEN, MARILLEN UND KNOBLAUCH

Zutaten (für 4 Personen):

4 Stk.	Hühnerspieße
150 g	grüne Bohnen
80g	Marillen
1 Stk.	Knoblauchzehe
1 Stk.	kleine Chilischote

etwas Agavendicksaft

Schwarzer Sesam

Paprika edelsüß

Sojasauce

Olivenöl, Salz, Pfeffer

„Die Marillenzeit ist herrlich, denn dieses Obst ist einfach so vielseitig zu genießen! Die Kombination aus würzigem Hühnerfleisch mit fruchtigem Gemüse schmeckt einfach allen und eignet sich optimal für Outdoor-Cooking! Viel Freude damit!

Zubereitung:

Die Hühnerbrüste von der Haut befreien, in Streifen schneiden (ca. 4 Stk.), sachte klopfen und einrollen. Die Rollen auf den Spieß aufstecken (siehe Foto). Mit Salz, Pfeffer, Paprika und Agavendicksaft würzen bzw. einreiben und von beiden Seiten scharf anbraten, so dass das Fleisch nicht zu trocken wird.

Die Marillen in kleine Spalten schneiden und in Olivenöl mit etwas fein geschnittenem Knoblauch anschwitzen. Die Bohnen vorab blanchieren und gemeinsam mit der zerbröselten Chilischote, Agavendicksaft und schwarzem Sesam dazu geben. Die Spieße nun auf dem Gemüse anrichten und mit etwas Sojasauce beträufeln.

DÜNNE SCHEIBEN VON DER PERLHUHNBRUST MIT ROHEN STEINPILZEN UND MARILLEN

„ Was kompliziert klingt, ist in Wahrheit ganz einfach. Die Kombination macht dieses Gericht zu etwas ganz Besonderem. Ob Marillen oder Zwetschgen – das entscheidet die Saison. Beides macht viel Freude, wenn es mit der würzigen Perlhuhnbrust vereint wird.

Zutaten (für 4 Personen):

2 Stk.	Perlhuhnbrust
2 Stk.	große Steinpilze (oder andere Pilze der Saison)

Crème fraîche

Kresse

Marillenspalten (oder Zwetschgen)

Olivenöl

Salz, Pfeffer

Zubereitung:

Die Perlhuhnbrüste mit Salz und Pfeffer würzen (je nach Geschmack mit Räuchersalz) und auf der Hautseite in einer Pfanne mit Olivenöl anbraten. Anschließend bei Zimmertemperatur abkühlen lassen und dünn aufschneiden. Die Marillen oder Zwetschgen (je nach Saison) ebenfalls dünn aufschneiden und entweder roh oder alternativ in Butter oder Rapsöl eingekocht zubereiten. Die Steinpilze (oder Champignons) hauchdünn aufschneiden (mit Aufschnittmaschine oder feiner Hobel), mit Salz würzen und Olivenöl beträufeln. Nun alles auf einem Teller mit Crème fraîche und Kresse garnieren.

Bon Appetit!

ZUCCHINI-HÜHNCHEN-SANDWICH

„Ein Sandwich ohne Brot klingt langweilig, ist es aber überhaupt nicht, wenn man es mit köstlichen Zutaten wie in Olivenöl gebratenen Zucchini, einer saftigen Creme und frischer Maishendlbrust zubereitet. Klingt gut? Schmeckt gut! Gerne probieren und genießen!

Zutaten (für 4 Personen):

- 1 Stk. Zucchini grün
- 1 Stk. Zucchini gelb
- 4 Stk. Maishendlbrüste á 120 g
- Olivenöl, Agavendicksaft
- Salz, Pfeffer
- Rosmarin, Oregano, Thymian
- Curry
- Spritzer Zitronensaft (oder Reisessig)
- getrocknete Tomaten
- Kräuter
- Sesam
- Amarant
- Kapern
- Oliven

Zubereitung:

Die Zucchini halbieren und in fingerdicke Scheiben (ca. 10-12cm lang und 4cm breit) schneiden, scharf in Olivenöl anbraten und würzen. Die Maishendlbrüste ebenfalls in Olivenöl anbraten und würzen. Anschließend lauwarm dünn aufschneiden.

Für die Zucchinicreme die Zucchiniabschnitte (Reste der Zucchinischeiben) in Olivenöl anbraten, mit Rosmarin, Thymian, Zitronensaft (oder Reisessig), Agavendicksaft, Salz, Pfeffer und Curry würzen und einkochen. Anschließend mixen.

Das Hühnchen mit etwas Zucchinicreme vermischen und mit den gebratenen Zucchinischeiben schichten. Getrocknete Tomaten, Kapern und halbierte Oliven dazu geben. Mit Sesam, Amarant und Kräutern garnieren.

HIRSCHKALBSSCHNITZEL MIT PASTINAKEN UND KOHLSPROSSEN

Ein Gericht, welches an einen Waldspaziergang erinnert und trotzdem so leicht und luftig wie der Frühling schmeckt.

Zubereitung:

Die Kohlsprossen putzen und die äußeren großen Blätter entfernen. Die Blätter aufbewahren, da sie zum Schluss als Garnitur dienen. Den Rest vierteln und in Olivenöl mit Salz, Pfeffer und Muskat anbraten. Dann mit der Gemüsebrühe aufgießen und weichkochen lassen, mixen und anschließend passieren.

Die Pastinake längs in Streifen schneiden (2-3mm) und roh braten. Etwas salzen und bei Bedarf etwas Rosmarin oder Thymian dazu geben.

Das Hirschkalbfleisch zwischen zwei Folien hauchdünn plattieren (klopfen), nur auf einer Seite salzen und pfeffern und diese in einer Pfanne mit Olivenöl scharf anbraten. Mit einer Palette das Fleisch dabei leicht andrücken, damit es sich nicht verformt. Wenn aus dem Fleisch Saft austritt, kann es rausgenommen werden.

Nun die Kohlsprossenblätter in einer Pfanne mit Olivenöl anschwenken und würzen, bevor sie gemeinsam mit den anderen Zutaten auf einem Teller angerichtet werden.

Zutaten (für 4 Personen):

4 Stk.	Hirschkalbsschnitzel (je 100-120 g) aus dem Hirschlögel oder Hirschrücken
200 g	Kohlsprossen (Rosenkohl)
100 ml	Gemüsebrühe
1 Stk.	Pastinake
	Olivenöl
	Salz, Pfeffer
	geriebene Muskatnuss
	Rosmarin oder Thymian
	frische Preiselbeeren

BEEF TATAR

Zutaten (für 4 Personen):

500 g	frisches Rinderfilet oder Endstücke vom Steak
4 Stk.	Sardellenfilets
1 EL	kleine Kapern
1 Stk.	Perlzwiebel
1 Tropfen	Agavendicksaft
1 Msp.	Paprikapulver
etwas Sojasauce	
Salz, Pfeffer	
etwas Dijon-Senf	
gehackte Petersilie	
etwas Olivenöl	

„Ein gutes Beef Tatar ist nur selten zu bekommen, also macht man es am besten gleich selbst und benutzt bei der Zubereitung nur feinste Zutaten! Hat man einmal begonnen, ist man schon fast fertig: Ein schnelles, leichtes Gericht mit viel Überzeugungskraft im Geschmack!

Zubereitung:

Das Fleisch mit einem scharfen Messer in dünne Scheiben schneiden und dann würfeln. Die restlichen Zutaten in einer Schale mit dem Fleisch vermischen, abschmecken und zum Schluss etwas Olivenöl dazu geben.

Als Beilage kann Schmorgemüse oder Salat gereicht werden.

AVOCADO-SAIBLINGS-TATAR

„Avocado ist buchstäblich in aller Munde und das völlig berechtigt, denn das grüne Gemüse ist erstaunlich vielseitig einsetzbar. In diesem Falle habe ich es mit rohem Saibling und Ziegenkäse kombiniert und das Ergebnis überzeugt hoffentlich nicht nur mich. Viel Vergnügen mit unserem "Avocado-Saiblings-Tatar"!

Zutaten
(für 4 Personen):

2 Stk.	reife Avocados
4 Stk.	kleine Saiblingfilets (roh)
4 EL	Ziegenfrischkäse (oder Kuhmilchfrischkäse)

Bärlauchknospen

Salzmandeln

eingelegte Paprika (alternativ frische Paprika in Olivenöl braten und würzen)

grobes Salz, Pfeffer

Zitronenöl

Kerbel

Zubereitung:

Den Saibling, die Paprika und Avocado in gleich große Würfel schneiden (ca. 1/2 cm). Mit Salz, Pfeffer, Zitronenöl und Kerbel abschmecken. Dann Frischkäse dazugeben und vermischen. In einer länglichen Form oder als Nockerl mit zwei Löffeln anrichten. Die Bärlauchknospen und Salzmandeln als Topping darüber geben.

GEGRILLTE WASSERMELONE MIT SALZIGEN TOPPINGS, SALBEI UND AHORNSIRUP

Zutaten (für 4 Personen):

4 Stk.	fingerdicke Scheiben Wassermelone

Salzmandeln

Dinkelpops

getrocknete Cranberries

Salbei

Ahornsirup

„ Achtung, hier kommt sie: Die ultimative Sommererfrischung. Gegrillte Wassermelone mit allerlei konträren Toppings, die das ganze zu einer wahren sommerlichen Geschmacksexplosion machen. Sehr einfach umzusetzen und garantiert ein Rezept, welches man mehr als nur einmal ausprobiert. Viel Spaß!

Zubereitung:

Aus der Wassermelone vier fingerdicke Scheiben schneiden und beidseitig grillen (ca. 3 Minuten), so dass sie etwas Flüssigkeit verlieren und sich eine karamellisierte Schicht bildet. Auf einem Teller anrichten, mit Dinkelpops, Salzmandeln, getrockneten Cranberries und geschnittenem Salbei garnieren und anschließend mit ein paar Tropfen Ahornsirup beträufeln.

Schon geht es los mit der ultimativen Sommererfrischung.

HONIG-DINKEL-MÜSLIRIEGEL MIT TOPFENFÜLLUNG

Zutaten (für 4 Personen):

30 g	Dinkelvollkornmehl
50 g	Honig
100 g	Müsli (je nach persönlichem Geschmack)
30 g	Apfel oder Birnenmark (ungezuckert)
1 EL	getrocknete Sauerkirschen zerhackt
1 EL	leicht gesüßter Topfen/Quark (für die Füllung)

Eine tolle Idee, um aus dem persönlichen Lieblingsmüsli ganz einfach Müsliriegel für zuhause oder auch für unterwegs zu zaubern. Auch bei der Füllung kann man sich frei nach seinen Vorlieben ausleben.

Zubereitung:

Alle Zutaten miteinander verrühren und zwischen zwei Seiten Backpapier fingerdick ausrollen. Anschließend bei bei 175°C Heißluft ca. 10 Minuten backen und dann in beliebiger Größe schneiden. Etwas gesüßten Topfen/Quark zwischen zwei Scheiben geben. Fertig ist der Müsliriegel.

DAS PROBLEM MIT WEIZEN UND ZUCKER

Die Lebensmittelindustrie möchte uns in regelmäßigen Abständen neue Bösewichte präsentieren. Ob verseuchtes Gemüse, kranke Tiere oder auch unverträgliche Milchprodukte. Natürlich ist nicht alles nur erfunden, das möchte ich gar nicht behaupten. Dass unsere Unwissenheit in Sachen Ernährung und Gesundheit von verschiedenen Industrien ausgenutzt wird, ist allerdings eine Tatsache. Schon als Kinder werden wir durch Werbung gekonnt manipuliert. Apfelschnitten als Dessert zu einem Junkfood-Burger soll die Prozedur als gesund darstellen und in Schokoriegeln soll so viel Milch enthalten sein, dass es den gesunden Wachstum bei Kindern fördert: ist klar!

Es wird immer wichtiger, dass wir selbst Verantwortung übernehmen und genau hinschauen, bevor wir etwas zu uns nehmen. Unsere Gesundheit ist unser höchstes Gut. Wir haben es selbst in der Hand: Füttern wir unseren Körper mit hochwertigen Lebensmitteln oder lassen wir ihn durch Junkfood immer mehr verkümmern.

Wieso sind Weizen und Zucker zu einem Problem geworden? Nun, das lässt sich relativ leicht erklären.

Beginnen wir mit dem Allzweckgetreide Weizen. Ich habe prinzipiell nichts gegen echten Weizen. Das Getreide wird schon seit Jahrhunderten gerne verzehrt, doch die Zeiten verändern sich und somit auch der Weizen, welcher mit dem Ursprungsgetreide nicht mehr viel zu tun hat. Mehr als 730 Millionen Tonnen werden weltweit pro Jahr geerntet. Weizen ist ein Produkt der jahrelangen Züchtung und Genforschung und mittlerweile nur noch eine Mischung aus verschiedenen Zuchtformen.

Doch es gibt auch Alternativen zum genmanipulierten Getreide Weizen. Zum Beispiel Dinkel (enthält mehr und höherwertiges Eiweiß, mehr Vitamine und Mineralstoffe als Weizen), Roggen oder Hafer. Wie gesagt: Nicht der Weizen an sich ist das Problem, sondern was wir Menschen daraus gemacht haben.

Hier kommt der nächste Gauner: Zucker. Ja, schon als Kinder lernen wir, dass Zucker die Zähne kaputt macht, doch wie gemein der verarbeitete Haushaltszucker wirklich ist, lässt sich nur erahnen. Der europäische Durchschnittseuropäer soll rund 40kg Zucker pro Jahr verzehren – unglaublich! Jetzt denken sich die meisten: So viel Zucker esse ich nicht, doch bist Du dir da wirklich sicher? Schließlich verbirgt sich Zucker in unendlich vielen Produkten, in denen wir es nicht einmal vermuten würden. Selbst dort, wo man nicht den verführerischen süßen Geschmack herausschmeckt. Man muss nur einmal durch den Supermarkt gehen und sich die Zutaten auf dem Etikett durchlesen. Wer glaubt, dass brauner Zucker gesünder sei – Fehlanzeige, denn meistens ist dieser nur eingefärbter weißer Zucker.

Schon längst ist die Lebensmittelindustrie auf den Zug der aktuellen „Zuckerangst" aufgesprungen und bietet etliche zuckerfreie Produkte an. Doch wie kann man wirklich bewusst und sinnvoll weniger Zucker zu sich nehmen? Indem man selbst entscheidet, was man isst und trinkt. Natürliche Zutaten selbst verarbeiten und so auf überflüssige Zuckerzusätze verzichten!

Menschen, deren Ernährung zu mehr als 25% aus Zucker besteht, erleiden dreimal häufiger einen Herzinfakt als diejenigen, die mit weniger als 10% Zucker auskommen.

Warum Agavendicksaft?

Oft werde ich gefragt, weshalb ich Agavendicksaft in meinen Rezepten verwende. Mein persönlicher Grund ist, dass sich dieses Produkt sehr vielseitig einsetzen lässt und eine leichte Süße unterstützt, trotzdem verwende ich es nicht als Ersatz für Zucker. Die Alternativen sind bekannt: Honig, Rübenzucker etc. Da sollte jeder für sich selbst herausfinden, was am besten zum persönlichen Geschmack passt.

Abschließend ist zu sagen: Weizen und Zucker sind nicht von Grund auf böse und können durchaus verzehrt werden. Wie bei so vielen ist auch hier die Menge entscheidend! Leider werden uns Weizen und Zucker viel zu oft untergemogelt und tun unserem Körper nichts Gutes. Wer mehr auf sich achten möchte, der sollte bewusster kaufen und verzehren. Ursprüngliche Lebensmittel, die natürlich entstehen und in Kombination mit anderen Zutaten für viel mehr Überraschung und Genuss sorgen, als jedes Fertigprodukt aus dem Supermarkt oder Schnellrestaurant.

*Dieser Artikel basiert rein auf Recherche und der eigenen persönlichen Meinung des Autors. Es ist nicht beabsichtigt, gesundheitliche Ratschläge zu erteilen.

Die Zeit, in der wir leben, ist eine sehr schnelle. Wir Menschen wollen immer mehr und dies zu jeder Zeit. Daher finden wir es besonders wichtig, darauf zu achten, welche Konsequenzen unser Handeln hat. Es muss nicht täglich Fleisch oder Fisch sein, denn die meisten von uns arbeiten in Berufen, die uns körperlich nicht sehr viel abverlangen, so wie es damals einmal war. Weniger ist mehr! Und das Gute daran ist: Wer weniger Fleisch und Fisch konsumiert, kann sich bessere Produkte leisten und schwächt somit die Massentierhaltung.

Viel Freude mit unseren vegetarischen und veganen Rezepten!

RICOTTAPFANNKUCHEN MIT ERBSEN, PAPRIKA UND TOMATEN

Zutaten für die Pfannkuchen
(für 4 Personen):

3	Eidotter
2	Eier
100 g	Dinkelvollkornmehl
350 g	Ricotta
90 g	Ziegenmilch

Agavendicksaft, Muskat

Olivenöl

Salz, Pfeffer

Zutaten für das Gemüse
(für 4 Personen):

Paprika

Tomaten

Erbsen

Crème fraîche

Kresse, diverse Kräuter

Salz, Pfeffer

„Warum Ziegenmilch? Ziegenmilch ist eine gesunde Alternative zur Kuhmilch, gegen welche mittlerweile viele Menschen allergisch sind. Außerdem führt sie zu einer leichteren Verdaulichkeit durch kleine Fettkügelchen bei.

Zubereitung:

Alle Zutaten verrühren und würzen. In einer beschichteten Pfanne langsam in Olivenöl backen. Für das Gemüse die Tomaten und Paprika schälen und je nach Belieben schneiden. Dann in Olivenöl anbraten und die Erbsen dazugeben. Mit Salz und Pfeffer würzen und etwas gehackten Kerbel und Petersilie dazugeben. Das Gemüse auf dem Pfannkuchen anrichten. Reichlich Olivenöl darüber geben und mit Crème fraîche, Kresse und Kräutern garnieren.

FLAMMKUCHEN MIT SPINAT, STEINPILZEN UND SCHWARZEN OLIVEN

„Ein herrlich knusprig dünner Boden wird bedeckt von frischen grünen Zutaten, die an einen Waldspaziergang erinnern. Knackiger Salat, erdige Pilze und aromatische Oliven – ein Traum in Flammkuchenform. Viel Vergnügen!

Zubereitung:

Die Hefe ansetzen und warten, bis diese flüssig ist, anschließend mit den restlichen Zutaten vermengen und dann den Teig im Kühlschrank gehen lasssen, danach wieder zusammenschlagen und dünn ausrollen. Den rohen Teig mit Crème fraîche, reichlich Spinatblättern (vorher waschen), gehobelten Steinpilzen (oder alternativ Champignons) und schwarzen Oliven belegen. Dann bei 220°C vier bis fünf Minuten lang im Ofen backen (entweder auf einem mit Backpapier ausgelegtem Blech oder in einer Pizzaform).

Tipp: *Mit dem Salz sparsam sein, da die Zutaten von Natur aus schon recht salzig sind.*

Bon Appetit!

Zutaten (für 4 Personen):

500 g	Dinkelvollkornmehl
300 g	Wasser
5 g	Hefe (frisch oder als Pulver)
75 g	feine Polenta
	Agavendicksaft
	Salz
	Crème fraîche
	Spinatblätter
	Steinpilze
	schwarze Oliven

KARTOFFELBURGER

Vegetarisch & Vegan

Zutaten Burger-Buns
(für 4 Personen):

4 Stk.	gekochte und geschälte mehlige Kartoffeln
4 EL	Kartoffelstärke
1	Eidotter

Salz, Pfeffer, Muskat

Zutaten Fülle
(für 4 Personen):

Eisbergsalat oder Romanaherzen

Radicchio

Crème fraîche oder Sauerrahm

Kartoffel-Olivenstampf

Zutaten Kartoffel-Olivenstampf
(für 4 Personen):

2 Stk.	gekochte, geschälte und speckige Kartoffeln
1 EL	gehackte schwarze Oliven
1 EL	gehackten Majoran
1 EL	gehackten Rosmarin

Olivenöl

„ Wer vegetarische Burger mit Tofu oder Seitan ebenfalls satt hat, der sollte unbedingt diesen Kartoffelburger ausprobieren! Nicht nur das "Brot" aus Kartoffeln ist ein echtes Aha-Erlebnis, sondern auch die Fülle aus knackigem Salat, frischen Gewürzen und einem herzhaften Kartoffel-Olivenstampf begeistern. Viel Freude beim Nachkochen!

Zubereitung:
Die Kartoffeln noch heiß durch eine Kartoffelpresse drücken und mit der Stärke, dem Dotter und den Gewürzen zu einem glatten Teig verarbeiten. Aus dem Teig Burger-Buns formen und in einer Pfanne knusprig braten.

Zubereitung Kartoffel-Olivenstampf:
Olivenöl mit den Kartoffeln in eine Pfanne geben, mit den Oliven und Gewürzen vermengen und erhitzen.

Zum Abschluss die Burger-Buns mit dem Kartoffel-Olivenstampf und den restlichen Zutaten befüllen.

ERDÄPFELGULASCH

In Österreich kennt es jeder: Erdäpfelgulasch! Ein herrlicher Kartoffeleintopf, der in dieser Variante mit Curry aufgepeppt wird und vor allem zur kalten Jahreszeit das Herz erwärmt. Dazu kann man ein gutes Brot genießen und den kalten Herbstwind vergessen. Viel Freude mit diesem Klassiker!

Zutaten (für 4 Personen):

6 Stk.	speckige Kartoffeln
1 Stk.	weiße Zwiebel
1 Stk.	Knoblauchzehe
600 ml	Gemüsebrühe
1 EL	Tomatenmark
2 TL	Currypulver
2 EL	Paprikapulver
1 EL	gehackte Petersilie
je 1 Stk.	Karotte, Urkarotte und gelbe Karotte
200 g	Pilze der Saison

Salz, Pfeffer
Reisessig
Agavendicksaft
Kresse oder Kräuter zum Garnieren

Zubereitung:

Die fein geschnittene Zwiebel und den Knoblauch in Olivenöl anschwitzen, bis sie eine schöne Farbe bekommen. Das Tomatenmark hinzugeben und ganz leicht bei schwacher Hitze mitrösten. Dann den Topf vom Herd runterziehen. Nun Paprika und Curry dazugeben und vermischen. Mit der Brühe aufgießen und mit einem Tropfen Reisessig, Agavendicksaft, Salz und Pfeffer abschmecken. Je nach Geschmack kann noch etwas geriebene Muskatnuss dazugegeben werden.

Nun die geschälten und gewürfelten Kartoffeln in den Topf geben und 30 Minuten lang mitkochen lassen. Zum Schluss noch die in Scheiben geschnittenen Karotten für 10 Minuten mitkochen, bis sich eine sämige Konsistenz ergibt und erneut abschmecken. Ganz zum Schluss die Pilze, die vorher in Olivenöl ganz leicht angebraten und mit Salz bestreut werden, dazu geben und mit Kräuter oder Kresse garnieren.

ERDÄPFEL SAMOSA

Zutaten (für 4 Personen):

200 g	speckige Kartoffeln
100 g	Ziegenfrischkäse
1	Knoblauchzehe
1 EL	gehackte gem. Kräuter
20 Stk.	Teigbahnen (Reisteig bzw. Frühlingsrollenteig)
1 Stk.	Ei zum Bestreichen

Olivenöl

Salz, Pfeffer

Das Rezept für meine BBQ-Sauce findest Du auf www.essenlieben.com

Zubereitung:

Die Kartoffeln kochen und passieren oder stampfen. Mit dem Ziegenfrischkäse, Knoblauch und Kräutern vermischen und mit Salz, Pfeffer und Olivenöl abschmecken. Die Reisblätter schneiden (20x6cm) und kleine Haufen der Kartoffelmasse in die Mitte setzen, dann dreieckig zusammenschlagen, mit Ei bestreichen und in Olivenöl ausbraten.

Dazu passend: Chutney, BBQ-Sauce und Dip mit Sauerrahm und Knoblauch.

VEGANE KRAUTWICKEL GEFÜLLT MIT CEREALIEN UND LINSENCURRY

„Die Krautwickel werden mit einem würzigen Linsencurry gefüllt und mit einem herrlichen Paprikamark kombiniert.

Zubereitung:

Für das Linsencurry die Linsen und das Wurzelwerk in Olivenöl anschwitzen. Das Curry, Paprikapulver und den Kreuzkümmel dazugeben und mit der Gemüsebrühe aufgießen. Sojasauce, Reisessig und Agavendicksaft dazu geben. Mindestens 30-40 Minuten lang köcheln lassen. Anschließend mixen und passieren. Eventuell mit Salz und Pfeffer nachschmecken.

100g Linsencurry (auf Zimmertemperatur) mit den Cerealien vermischen, die Krautblätter kurz blanchieren und die Fülle darauf streichen. Nun die Rollen in eine Auflaufform oder in eine Pfanne geben, mit Olivenöl beträufeln und für fünf bis sechs Minuten bei 150°C in den Ofen geben.

Für das Paprikamark die Paprika schälen, entkernen und in Olivenöl weich schmoren. Mit Agavendicksaft, Reisessig, Salz und Pfeffer würzen, dann mixen und passieren.

Gelbe Zucchini und Paprika zusätzlich in einer Pfanne anbraten und alles gemeinsam auf einem Teller anrichten.

Zutaten für das Linsencurry
(für 4 Personen):

300 g	eingeweichte Berglinsen
200 g	Wurzelwerk (Suppengrün)
2 Stk.	Schalotten
2 Stk.	Knoblauchzehen
150 ml	Olivenöl
je 100 ml	Reisessig, Sojasauce, Agavendicksaft
2 EL	Currypulver
1 TL	geräuchertes Paprikapulver
1 TL	Kreuzkümmel
500 ml	Gemüsebrühe

Zutaten für die Krautwickel
(für 4 Personen):

16 Stk.	blanchierte Krautblätter (10 x10cm)
150 g	gemischtes Korn (z.B. Kürbiskerne, Quinoa, Hirse) und geröstete Nüsse
2 Stk.	Paprika
1 Stk.	Zucchini

Salz, Pfeffer, Olivenöl, Reisessig, Agavendicksaft

ERDÄPFELGRATIN

Zutaten (für 4 Personen):

3 Stk.	speckige Kartoffeln (mittelgroß)
1 Stk.	Pastinake
300 g	Kürbis in dünne Scheiben geschnitten
4-5 EL	Crème fraîche
1 EL	gehackte Kräuter
150 g	geriebener Parmesan

Olivenöl

Muskatnuss

Salz, Pfeffer

Zubereitung:

Die Kartoffeln, den Kürbis und die Pastinake in hauchdünne Scheiben (z.B. mit Aufschnittmaschine) schneiden und nur die Kartoffelscheiben in Salzwasser blanchieren. Nun alle Scheiben mit Salz, Pfeffer, Muskatnuss und Kräutern würzen und mit Crème fraîche verrühren. Dann in einer feuerfesten Form schichten und den Parmesan darüber reiben. Im vorgeheizten Ofen bei mindestens 175°C backen lassen.

Et voilà!

KÜRBIS-KARTOFFELPUFFER

Kartoffelpuffer kennt man in vielen Regionen und überall tragen sie einen anderen Namen. Diese Variante mit Kürbis und Kürbiskernen passt perfekt in die aktuelle Jahreszeit und lässt sich mit vielem kombinieren. Ein herzhaftes Essen, zu dem man nicht nein sagen kann/sollte. Viel Freude!

Zutaten (für 4 Personen):

2 Stk.	große mehlige Kartoffeln (300 g) / alternativ Ofenkartoffel
300 g	Kürbis
1 TL	gehackter Majoran
1 EL	gehackte Kürbiskerne
1	Ei von glücklichen Hühnern

Salz, Pfeffer

Muskatnuss

Zubereitung:

Die Kartoffeln schälen, grob reiben und ausdrücken (entwässern), so dass die Stärke rausgeht. Den Kürbis ebenfalls reiben und mit den Kartoffeln vermischen. Die Gewürze, gehackten Kürbiskerne und das Ei dazugeben und in Olivenöl von beiden Seiten ausbacken.

Als Beilage eignet sich ein grüner Salat mit Kernöl.

Mahlzeit!

GEFÜLLTE AUBERGINENBLÄTTER

Zutaten (für 4 Personen):

8 Stk.	Auberginenscheiben (insg. eine große Aubergine)
3 Stk.	Büffelmozarella
2 Stk.	Fleischtomaten
4 Stk.	Minizucchini

Olivenöl

Salz, Pfeffer

„Kaum ein Gemüse macht sich auf dem Grill geschmacklich so hervorragend wie die Aubergine. In dieser Variante wird sie mit herrlichem Büffelmozarella gefüllt und anderen aromatischen Gemüsesorten kombiniert. Ein Erlebnis für alle Sinne und definitiv nicht nur für "eingefleischte" Vegetarier ein Genuss. Bon Appetit!

Zubereitung:

Die Aubergine in acht sehr dünne Scheiben schneiden (gelingt am besten mit einer Aufschnittmaschine). Den Mozzarella abtropfen lassen und in kleine Stücke schneiden. Auf die Auberginenscheiben legen und einrollen. Mit einem Zahnstocher befestigen. Mit Olivenöl bestreichen, mit Salz und Pfeffer würzen, dann auf den Grill legen und mehrmals wenden.

Die Fleischtomaten in Scheiben schneiden, den Büffelmozarella darauf legen und kurz auf den Grill geben. Die Minizucchini ebenfalls in Scheiben schneiden, würzen und grillen. Dann jeweils mit Olivenöl beträufeln, und die gefüllten Auberginen darauf anrichten.

KÜRBISDATSCHI MIT GLASIERTEN ZWETSCHGEN

„Die Zwetschgensaison ist einfach herrlich! Und was wäre der Herbst ohne Kürbis? Nun, diese beiden tollen saisonalen Produkte kann man wunderbar vereinen und daraus ein umwerfendes Dessert zaubern. Datschi sind übrigens so etwas ähnliches wie Taler, allerdings ganz frei aus dem Bauch heraus ohne Zwang und Form. Viel Vergnügen!

Zutaten (für 4 Personen):

2 Stk.	Zwetschgen
200 g	Kürbis
60 g	Dinkelvollkornmehl
1	Ei von glücklichen Hühnern
1 Msp.	Zimt
200 g	Topfen (Quark)
1 EL	Sauerrahm

Agavendicksaft oder Honig

Balsamico

Rosmarin

Zubereitung:

Die Zwetschgen halbieren und in Agavendicksaft, etwas Balsamico und Rosmarin schmoren, jedoch nicht stark verkochen.

Für die Datschi (Taler) den Kürbis grob reiben und mit Dinkelvollkornmehl, einem Ei, etwas Zimt, Agavendicksaft (oder Honig) vermengen. Dann mit einem EL kleine Datschi in die Pfanne geben und in Rapsöl von beiden Seiten ausbacken, dabei etwas andrücken.

Den Topfen (Quark) mit gehacktem Rosmarin, Sauerrahm, Zimt und Agavendicksaft (oder Honig) verrühren und als Topping auf die Zwetschgen geben.

Alles gemeinsam am Teller anrichten und den süßen Geschmack des Herbstes genießen!

TOPFEN-MOHN-KNÖDEL

Zutaten für den Teig
(für 4 Personen):

3 EL	Honig
30 g	flüssige Butter
1/2	geriebene Zitronenschale
140 g	Dinkelbrösel
2	Eier
1	Eidotter
400 g	ausgedrückter Topfen (Quark) nur dann ausdrücken, wenn der Topfen feucht ist
3 EL	gemahlener Mohn

Mark von 1/2 Vanilleschote

Erdbeeren und Orangen zum Garnieren

Zutaten zum Wälzen
(für 4 Personen):

30 g	gerösteter Mohn
30 g	Amarant

„ Süße Knödel sind ein Traum, den man ab und zu wahr werden lassen sollte! Kombiniert mit geröstetem Mohn und frischem Obst ist das Dessert ein absolutes Lieblingsgericht, welches dabei ganz schnell und einfach zubereitet ist. Viel Freude mit meinen „Topfen-Mohn-Knödel"!

Zubereitung:

Alle Zutaten bis auf die Erdbeeren und Orangen für den Teig vermischen und mindestens eine Stunde lang kalt stellen. Anschließend die Knödel formen und im kochenden Wasser (mit Agavendicksaft oder Honig süßen) kurz einkochen, dann von der Herdplatte wegziehen, Deckel drauf geben und abwarten, bis die Knödel an der Oberfläche schwimmen (ca. sechs bis acht Minuten). Anschließend im gerösteten Mohn und Amarant wälzen. Erdbeeren und Orangen aufschneiden und als Garnitur auf den Teller geben. Bei Bedarf kann noch etwas Zucker über die Knödel gestreut werden.

DÖRROBSTRÖLLCHEN

„Wir alle kennen und lieben sie: Frühlingsrollen. Auf den ersten Blick könnte man meinen, bei diesen Röllchen handelt es sich um die chinesische Variante, doch das Gegenteil ist der Fall. Gefüllt wird das knusprig angebratene Reisblatt mit einer Mischung aus Dörrobst und Nüssen. Dazu gibt es erfrischenden Schafsjoghurt mit Minze verfeinert. Eine herrliche Kombination.

Zubereitung:

Das Dörrobst und die Nüsse fein schneiden und hacken. Dann mit Zimt, Agavendicksaft und Zitronensaft marinieren. Die fein gehackte Minze dazu geben. Das Reisblatt vierteln, 1 EL der Füllung in die Mitte geben, die Ränder mit Wasser bepinseln und straff eindrehen. Die Rollen in einer Pfanne mit Öl von allen Seiten goldgelb anbraten.

Den Schafsjoghurt aufschlagen und mit Minze, Zitronenzeste, Zitronensaft und Agavendicksaft abschmecken.

Die Rollen gemeinsam mit dem Schafsjoghurt auf einem Teller anrichten und genießen.

Zutaten (für 4 Personen):

- 180 g gemischtes Dörrobst (Cranberries, Marillen, Rosinen, Zwetschgen)
- 50 g gemischte Nüsse (Mandeln, Salzmndelnn Haselnüsse)
- 1 EL Minze fein geschnitten
- Zimtpulver
- Agavendicksaft
- Zitronensaft
- Reisblatt
- Schafsjoghurt
- Zitronenzeste

ORIENTALISCHER JOGHURT MIT TOMATEN-MARILLENMARMELADE

> *Ein Joghurt, welcher schmeckt, wie aus Tausendundeine Nacht. "Schuld" daran sind verführerische Gewürze wie Curry, Kardamom und Zimt. Dazu gibt es Tomaten-Marillenmarmelade. Wer hätte geglaubt, dass die Kombination aus würzig und süß so betörend sein kann. Viel Vergnügen mit dieser außergewöhnlichen Speise.*

Zutaten für den Joghurt
(für 4 Personen):

- 300 ml Joghurt
- 100 g Topfen (Quark)
- Curry, Kardamom, Zimt, Nelke, Honig, Pfeffer, Sternanis
- etwas geriebene Orangen- und Zitronenschale

Zutaten für die Tomaten-Marillenmarmelade
(für 4 Personen):

- 500 g Tomaten geschält und entkernt
- 400 g Marillen entsteint und gewürfelt
- 200 ml Agavendicksaft
- 1 TL Thymian gehackt
- Zimtrinde, Kardamom, Curry
- Saft von zwei Limetten

Zubereitung:

Den Joghurt mit dem Topfen verrühren und mit den restlichen Gewürzen (Kardamom, Zimt, Nelke und Co. reiben) und Zutaten vermischen. Bei dem Curry sparsam sein, damit es nicht zu scharf/würzig wird.

Für die Marmelade die geschälten, entkernten und gewürfelten Tomaten gemeinsam mit den entsteinten und gewürfelten Marillen in einen Topf geben und mit Agavendicksaft, Zimtrinde (nachher wieder rausnehmen), Kardamom, Curry, Thymian und Limettensaft bei schwacher Hitze einkochen, bis die Masse sämig wird. In einem Glas zuerst die Marmelade einfüllen und den Joghurt oben drauf geben. Als Garnitur eignen sich Popcorn, Nüsse und Minze.

MARILLENSTRUDEL MAL ANDERS

„Selbst ein Dessertklassiker wie der Marillenstrudel lebt nicht nur von Schlag (Sahne) und einer Menge Zucker. Diese Alternative, die in der Pfanne zubereitet wird, ist herrlich knusprig von außen und verführerisch wohlschmeckend im Inneren. Gewürze wie Sternanis und Nelke zaubern ein unvergleichbares Geschmackserlebnis. Viel Freude damit!

Zubereitung:

Die Marillen in Spalten schneiden und gemeinsam mit Agavendicksaft, Nelke, Vanille und Sternanis in einem Topf weich schmoren. Die Gewürze rausgeben und die Marillen über den aufgestrichenen Topfen in die Mitte des aufgeklappten Reispapiers geben. Das Reispapier vorher schon rauslegen, damit es auftauen kann und nicht mehr feucht ist. Nun die Seiten überlappen und von beiden Seiten gleichmäßig in einer Pfanne mit Olivenöl anbraten und dabei leicht andrücken. Anschließend mit Agavendicksaft bepinseln.

Als Garnitur frische Himbeeren, gehackte Pistazien, Dinkelpops und Minze verwenden.

Zutaten (für 4 Personen):

- 250 g Topfen (auch Quark genannt)
- 40 ml Agavendicksaft
- ½ Vanilleschote ausgekratzt
- 4 Stk. Reisblatt (TK z.B. aus dem Asiashop)
- 4 Stk. Marillen (auch Aprikosen genannt)

Pistazien, Dinkelpops, Nelke, Sternanis, Minze

Olivenöl

ein paar Himbeeren zum Garnieren

Manchmal darf es einfach mehr sein! Genau für diese Momente haben wir diese Kategorie ins Leben gerufen. Schließlich soll man trotz Ernährungsumstellung wirklich auf Nichts verzichten müssen, was einem Freude bereitet. Auch hier gilt: Weniger ist mehr! Bewusst leben und essen - dann wird es besonders köstlich! Und wenn die Verwandten zu Besuch sind, darf auch ordentlich aufgetischt werden.

Viel Freude mit den Rezepten dieser herzhaften Kategorie!

DINKELVOLLKORNTOAST MIT ERDNUSSBUTTER, ROHEM SPARGEL, ERDBEEREN UND FRISCHKÄSE

Zutaten

(für beliebig viele Personen):

Dinkelvollkorntoast

hauchdünne Scheiben vom weißen Spargel

Agavendicksaft

Erdnussbutter

Erdbeeren

Frischkäse

Basilikum

Salz, Pfeffer

Zitronenöl

Zitronensaft

„Spargel mit Erdbeeren – eine unschlagbare Kombination! Wenn man diese dann noch auf ein knuspriges Dinkelvollkorntoast gibt, welchen man vorher mit Erdnussbutter bestreicht, ergibt das einen köstlichen Energielieferanten für nach dem Sport. Ein tolles Frühlingsgericht, welches bestimmt auch auf Gartenparties Freude bringt! Viel Spaß damit!

Zubereitung:

Den Dinkelvollkorntoast in der Pfanne oder im Toaster toasten. Den Spargel schälen. Anschließend hauchdünne Streifen (längs) mit einer Hobel oder einem Schäler herunterschneiden. Mit Zitronenöl, Salz, Pfeffer, Agavendicksaft und Zitronensaft würzen. Durch die Marinade ist der Spargel roh genießbar und bekömmlich. Den Toast mit Erdnussbutter bestreichen, Erdbeeren belegen, ein paar TL Frischkäse dazu geben und frischen Basilikum darauf schneiden. Etwas Pfeffer und ein paar Tropfen Agavendicksaft darüber geben und genießen!

ROSMARIN-VANILLEPOLENTA MIT RÄUCHERLACHS

„ Der verführerische Geschmack von Vanille in Kombination mit feinstem Räucherlachs ergibt ein Frühstück- und Bruncherlebnis der besonderen Art! Ein außergewöhnliches Rezept, welches sicherlich in Erinnerung bleibt. Viel Vergnügen mit unserer Rosmarin-Vanillepolenta mit Räucherlachs.

Zubereitung:

Die Gemüsebrühe gut würzen, erhitzen, vier bis fünf EL feine Polenta einrühren und weich kochen. Dazu fein gehackten Rosmarin, frisches Vanillemark, Salz, Pfeffer, Muskat und etwas Distelöl geben. Je nach Geschmack kann die Polenta gemeinsam mit den Zutaten in den Mixer gegeben werden, damit sie noch cremiger wird. Anschließend Frischkäse in die Polenta unterheben. Mit frischen, dickeren Scheiben Lachs, Kräutern und Kapern garnieren.

Zutaten (für 4 Personen):

500 ml	Gemüsebrühe
4-5 EL	feine Polenta
1 TL	gehackter Rosmarin
1 Msp.	Vanille
4 EL	Frischkäse
8 Stk.	Scheiben Räucherlachs

Salz, Pfeffer

Muskat

Distelöl

frische Kresse oder andere Kräuter

Kapern

GLASIERTE LAMMHUFT MIT RHABARBER, MINZE UND GRÜNEM SPARGEL

Zutaten für die Lammhuft und Glasur
(für 4 Personen):

2 Stk.	Lammhuft
je 100 ml	Sojasauce und Agavendicksaft
50 ml	Balsamico
2	fein geschnittene Knoblauchzehen
je 1 EL	schwarzer Sesam und gehackte Minze
1	Spritzer Distelöl
	Olivenöl
	Salz, Pfeffer

Zutaten für das Gemüse
(für 4 Personen):

4 Stk.	gelbe Minipaprika
1 Stange	Rhabarber
4 Stangen	grüner Spargel (blanchieren)
	Knoblauch, Salz, Pfeffer, Agavendicksaft

„Die glasierte Lammhuft ist ein wahr gewordener Traum und harmoniert ausgezeichnet mit dem geschmolzenen Gemüse. Abwarten, ausprobieren und überraschen lassen!

Zubereitung:

Das Fleisch von beiden Seiten scharf in Olivenöl anbraten, mit Salz und Pfeffer würzen und für 8 Minuten bei 175°C in den Ofen geben. Anschließend gut rasten lassen.

Für die Glasur alle Zutaten mit einem Spritzer Distelöl einkochen, bis eine dicke Flüssigkeit entsteht. Erst zum Schluss die Minze dazugeben. Die Glasur auf dem Fleisch verteilen (entweder eintunken oder bepinseln). Vor dem Anrichten aufschneiden und bei Bedarf noch einmal Glasur darüber geben.

Den Rhabarber roh in einer Pfanne mit Olivenöl anbraten, dann den in kleine Stücke geschnittenen Spargel, die Paprika (geviertelt), Knoblauch, Minze, Salz, Pfeffer und Agavendicksaft hinzugeben und solange schmoren, bis das Gemüse "schmilzt".

GEGRILLTE LAMMKOTELETTES MIT TOMATEN-MUSCHELBRUSCHETTA

Wenn es ums Grillen geht, verlässt viele von uns die Kreativität. Doch es gibt noch viel mehr, als nur Bratwürstel und Steaks! Wie wäre es mit feinem Lammfleisch und dazu knusprig geröstete Dinkelbrotscheiben mit Miesmuscheln, Tomaten und Saubohnen? Eine ungewöhnliche Kombination, die am Ende für eine große Geschmacksüberraschung sorgt!

Zubereitung:

Die Lammkronen mit Salz und Pfeffer würzen und grillen, so dass sie von außen eine schöne Farbe bekommen und innen noch zart rosa sind. Die ausgebrochenen und gekochten Miesmuscheln gemeinsam mit gekochten Saubohnen und den geviertelten Tomaten in der Pfanne mit Olivenöl schwenken und würzen. Die Brotscheiben mit Olivenöl bestreichen und ebenfalls auf dem Grill anrösten.

Das Miesmuschel-Pfannengemüse auf das Brot geben und mit der aufgeschnittenen Lammkrone servieren. Bei Bedarf kann Chiliöl darüber geträufelt und scharfe Kresse als Garnitur verwendet werden.

Zutaten (für 4 Personen):

2 Stk.	Lammkronen (6-8 Rippen)
8 Scheiben	Dinkelbrot in Olivenöl geröstet
100 g	gekochte ausgebrochene Miesmuscheln
50 g	Saubohnen gekocht und geschält
8 Stk.	Cherrytomaten geviertelt
1 Stk.	rote Paprika geschält und geschnitten

Scharfe Kresse

Olivenöl

Salz, Pfeffer

Chiliöl

SELLERIE-BUN BURGER

Zutaten für die Patties
(für 4 Personen):

350 g	gemischtes Faschiertes (Hackfleisch)
1/2	Zwiebel
1 Stk.	Knoblauchzehe
1	Ei
2-3 EL	gepoppter Amarant, Räucherpaprika, Selleriesalz
1 EL	gehackter Rosmarin, gehackter Basilikum, Olivenöl, Salz, Pfeffer

Zutaten für die Buns
(für 4 Personen):

16 Stk.	dünne Scheiben Knollensellerie
	Olivenöl

Zutaten für die Bierzwiebeln
(für 4 Personen):

1 Stk.	Zwiebel
30 ml	Sojasauce und Agavendicksaft
80 ml	Bier
1 TL	gehackter Rosmarin und Pfeffer
	etwas Olivenöl und gemahlenen Kümmel

Zutaten für die Füllung
(für 4 Personen):

je 8 Scheiben Geselchtes und Schmelzkäse

Salat, Bierzwiebeln, BBQ Sauce

> Es muss nicht immer Brot sein! Wir verwenden für unseren Burger einfach in Olivenöl frittierte Selleriescheiben, die dann mit unverwechselbaren Zutaten gefüllt werden. Unser Sellerie-Bun Burger ist bei der nächsten Party garantiert ein Hit!

Zubereitung:

Den Knoblauch und die Zwiebel fein hacken und in einer Pfanne mit etwas Olivenöl glasig anschwitzen, danach abkühlen lassen und mit dem Faschierten vermengen. Den gepoppten Amarant, Räucherpaprika, Selleriesalz, Rosmarin, Basilikum, Olivenöl, Salz, Pfeffer und das Ei in die Masse beimengen. Danach vier Burger-Patties formen und in Olivenöl braten. Die dünnen Scheiben Knollensellerie in Olivenöl frittieren und danach auf einem Küchenpapier abtropfen. Die knusprigen Knollenselleriescheiben als Burger-Bun verwenden und mit den Zutaten füllen.

Zubereitung Bierzwiebel:

Die Zwiebel in Streifen schneiden und in Olivenöl anschwitzen. Mit Sojasauce, Agavendicksaft und Bier ablöschen. Rosmarin hinzufügen und alles gut verkochen bis, die gesamte Flüssigkeit reduziert ist.

KARTOFFELSALAT MIT RUCOLA UND CALAMARETTI

„Ein herzhafter Kartoffelsalat gehört wohl zu jeder Outdoor-Party dazu! Doch dieses Gericht muss längst nicht 08/15 sein, wenn man als Beilage frische Calamaretti serviert, die ordentlich Pepp ins Spiel bringen. Ein tolles Gericht, welches Hausmannskost mit mediterraner Küche kombiniert.

Zubereitung:

Die Kartoffeln kochen, heiß schälen und schneiden. Die Brühe erhitzen und die geschnittenen Zwiebeln dazu geben. Je nach Geschmack kann auch etwas Knoblauch dazu gegeben werden. Nun die Kartoffeln mit der Brühe aufgießen, etwas Essig, Senf, Salz, Pfeffer und Agavendicksaft dazu geben und ziehen lassen. Erst wenn die Kartoffeln die Flüssigkeit aufgesogen haben, noch Olivenöl dazu geben.

Die Calamaretti putzen, mit Salz und Pfeffer in Olivenöl anbraten, etwas geschnittene Zwiebel und rohe Paprika dazu geben und gemeinsam in der Pfanne schwenken. Anschließend auf dem Kartoffelsalat anrichten. Als Garnitur Rucola verwenden, welchen man vorher wäscht und von den Stielen befreit.

Zutaten (für 4 Personen):

800 g	speckige (unbedingt darauf achten!) Kartoffeln
1/4 l	Hühner- oder Gemüsebrühe
1/4	Zwiebel
1 TL	Senf
16 Stk.	Calamaretti
4 Stk.	Jungzwiebeln
1 Stk.	rote Paprika

Agavendicksaft

etwas Rucola (frisch als Bund kaufen, da beste Qualität)

Reisessig

Salz, Pfeffer

Olivenöl

SÜSSER ERDÄPFELSCHMARRN MIT APFELKOMPOTT

Zutaten Erdäpfelschmarrn
(für 4 Personen):

250 g	mehlige Kartoffeln (alternativ Ofenkartoffel)
100 g	Sauerrahm
80 g	Agavendicksaft (je nach Geschmack etwas mehr)
2	Eidotter
2	Eiweiße
3 EL	Kartoffelstärke
1 Stk.	Vanilleschote ausgekratzt
	Zitronen- und Orangenabrieb
	Rapsöl

Zutaten Apfelkompott
(für 4 Personen):

2 Stk.	Äpfel
1/2	Zimt
1 Stk.	Nelke
2 Stk.	Sternanis
	Zitronenzeste, Orangenzeste
	Agavendicksaft, Wasser, Zitronensaft

Zubereitung Erdäpfelschmarrn:

Die Kartoffeln weichkochen und passieren. Nun mit dem Sauerrahm und Agavendicksaft verrühren. Die beiden Eigelbe, die Vanille und den Zitronen- und Orangenabrieb dazugeben. Die beiden Eiweiße steif schlagen und unter die Masse heben. Das Rapsöl in einer Pfanne erhitzen und den Teig eingießen. Nun etwas fest werden lassen und anschließend im vorgeheizten Backofen bei 165°C ca. acht Minuten backen. Dann rausnehmen, den Teig in der Pfanne wenden und weitere zwei Minuten backen.

Hinweis: Der Teig wird in diesem Fall nur geringfügig aufgehen, jedoch trotzdem fluffig sein.

Nun die Pfanne aus dem Ofen nehmen und den Schmarrn „zerreißen".

Zubereitung Apfelkompott:

Für den Apfelkompott die Äpfel schälen, in Spalten schneiden und den Agavendicksaft und die anderen Gewürze dazugeben. Mit Wasser aufgießen, so dass die Äpfel bedeckt sind. Kurz auf dem Herd ziehen lassen und anschließend zur Seite stellen.

BROWNIES OHNE ZUCKER UND MEHL MIT APFELKOMPOTT UND SAUERRAHM

„ Schokolade tut einfach gut. Deshalb sollte man auch nicht darauf verzichten. Es kommt viel mehr auf die Kombination der einzelnen Zutaten an. Brownies ohne Zucker und Mehl, die trotzdem so verführerisch schmecken und ihre Süße von einem würzigen Apfelkompott erhalten. Klingt gut, oder?

Zubereitung:

Die Eier in einer Maschine aufschlagen. Die Butter gemeinsam mit dem Agavendicksaft mit der Hand schaumig schlagen und den Kakao und Sauerrahm dazugeben. Dann die Eier vorsichtig unterheben und in eine Silikonform füllen. Den Teig für ca. 35 Minuten bei 160°C in den Ofen geben.

Für den Apfelkompott die Äpfel schälen, in Spalten schneiden und den Agavendicksaft und die anderen Gewürze dazugeben. Mit Wasser aufgießen, so dass die Äpfel bedeckt sind. Kurz auf dem Herd ziehen lassen und anschließend zur Seite stellen.

Für den Zimtsauerrahm alle Zutaten zusammen rühren.

Zutaten für die Brownies
(für 4 Personen):

80 g	Butter
je 40 g	Agavendicksaft, Kakao
60 g	Sauerrahm
2	Eier von glücklichen Hühnern

Zutaten für das Apfelkompott
(für 4 Personen):

je 2 Stk.	Äpfel und Sternanis
1/2 TL	Zimtrinde
1 Stk.	Nelke

Agavendicksaft, Wasser, Zitronensaft

Zitronenzeste, Orangenzeste

Zutaten für den Zimtsauerrahm
(für 4 Personen):

100 ml	Sauerrahm
20 ml	Agavendicksaft
1/2 TL	Zimt

Orangensaft, Zitronensaft

VEGANE SCHOKOLADENCRÊPES MIT KOKOSFÜLLUNG

Zutaten für die Fülle
(für 4 Personen):

300 ml	Kokosmilch
20 g	Kartoffel- oder Maisstärke
40 ml	Agavendicksaft
20 ml	Kokossirup

Zutaten für die Crêpes
(für 4 Personen):

200 ml	Kokosmilch
40 g	Kartoffel- oder Maisstärke
40 ml	Agavendicksaft
30 g	Kakao
20 ml	Kokossirup
20 ml	Olivenöl
	Rapsöl
	Geröstete Kokosraspeln
	Passionsfruchtsaft
	Minze oder Kräuter

Zubereitung Crêpes:
Den Crêpes-Teig glattrühren und anschließend dünn in einer beschichteten Pfanne mit Rapsöl ausbacken.

Zubereitung Fülle:
Für die Fülle alle Zutaten zusammen mixen.

Den Passionsfruchtsaft einreduzieren und mit Agavendickaft abschmecken. Dann Minze dazugeben.

Die Crêpes befüllen und anrichten, mit dem Saft übergießen und die gerösteten Kokosraspeln zum Garnieren verwenden.

SCHOKOFEIGEN UND GEWÜRZORANGEN MIT PISTAZIEN

Zutaten (für 4 Personen):

8 Stk.	getrocknete Feigen
4 Stk.	Orangen
200 g	Vegane Schokolade zum Tunken

Etwas Orangensaft

Agavendicksaft

Zimtstangen

Nelken

Sternanis

Vanille

Pistazien

Salzflocken

Gojibeeren oder Cranberries zum Darüberstreuen

Zubereitung:

Feigen in Orangensaft einlegen, so dass sie weicher werden. Dann ausdrücken und die Zahnstocher reinstecken, um sie in der flüssigen Schokolade zu tunken. Auf ein Backpapier legen und in den Kühlschrank geben. Wenn die Schokolade fest ist, die Schokoladenfeigen aus dem Kühlschrank nehmen und die Zahnstocher entfernen.

Die Orangen filetieren. Dann etwas Orangensaft, Zimt, Nelke und die restlichen Gewürze zusammen in einer Schale vermischen und die Filets darin marinieren.

Die Schokoladenfeigen auf den Orangensalat setzen und mit Pistazien, groben Salzflocken und nach Bedarf Gojibeeren garnieren.

SCHOKO-KIRSCH-JOGHURT MIT GRANOLA

Zutaten für das Granola
(für 4 Personen):

1 Tasse	Haferflocken
2 EL	Kokosnussraspeln
2 EL	Sonnenblumenkerne
1 EL	weißer Sesam
je 2 EL	Mandeln, Haselnüsse, Walnüsse, Cranberries
1 EL	Rosinen
4 EL	Olivenöl
5 EL	Agavendicksaft
Zimt, Muskat	

Zutaten für das Kirsch-Joghurt-Topping
(für 4 Personen):

150 g	entkernte Kirschen
3 EL	Agavendicksaft
2 Stk.	Kardamom
50 g	dunkle Schokolade
1 Becher	Schafsjoghurt
Pfeffer	

„ Frühstück muss nicht langweilig sein und kann sehr wohl mit viel Liebe und Bewusstsein bei der Auswahl der Zutaten zu einem Highlight werden! Dieses selbstgemachte Granola ist leicht umzusetzen, doch unwiderstehlich im Geschmack. Wetten, dass Du dieses Gericht nicht nur als Frühstück genießen möchtest?

Zubereitung:

Die Zutaten für das Granola vermischen und auf einem Blech im Ofen bei 100°C Heißluft eine Stunde lang backen/trocknen.

Die Kirschen mit dem Agavendicksaft und 2 Stk. Kardamom in einem Topf schmoren. Die dunkle Schokolade schmelzen und die Kirschen, nachdem der Kardamom entfernt wurde, darin unterrühren.

Das Granola mit dem Joghurt und der Kirsch-Schokolade schichten und als Garnitur Kirschen verwenden. Bon Appetit!

SCHOKOLADENBLÄTTER MIT WALNUSSPASTE UND FRISCHKÄSE

Zubereitung:

Für die Schokoladenblätter die flüssige Schokolade mit einem Löffel auf Backpapier geben, die gehackten Walnüsse dazugeben und kaltstellen, damit sie fest werden.

Für die Paste die restlichen Zutaten mixen und kaltstellen. Dann die festen Schokoladenblätter abwechselnd mit der Paste und einem TL Frischkäse schichten. Mit Nüssen und gehackten Datteln garnieren.

Zutaten (für 4 Personen):

100 g	geröstete Walnüsse
80 ml	warmer Earl Grey Tee
30 g	Orangensaft
120 g	dunkle Schokolade (zum Schmelzen)
1 TL	Frischkäse
etwas Honig oder Ahornsirup	
Walnüsse zum Bestreuen	
Datteln	

VEGANER SCHOKOPUDDING MIT CRANBERRY- ODER PREISELBEERMARK

Zutaten (für 4 Personen):

500 ml	Kokosmilch
80 ml	Agavendicksaft
40 g	Kartoffel- oder Maisstärke
10 g	Kakaopulver
100 g	dunkle Schokolade (vegan)
100 g	Cranberries
100 g	Agavendicksaft

Vanille

Zimtpulver

Geriebene Orangenschale

Zubereitung:

Ein kleinen Teil der Milch mit Stärke und Agavendicksaft verrühren, die restliche Milch mit Kakao und dunkler Schokolade erhitzen, dann die Stärkemischung vorsichtig einrühren und auskochen, bis sie dickflüssig wird. Nun in ein Glas abfüllen und kaltstellen.

Die Cranberries zum gleichen Teil mit Agavendicksaft in einen Topf geben und mit Vanille, Zimt und Orangenschale verkochen, dann mixen und passieren. Anschließend das gekochte Mark über den Pudding geben. Zum Garnieren Milchschaum (Soja oder andere Sorten) aufschäumen.

DAS ESSEN LIEBEN ATELIER

Das neue Essen Lieben Atelier in Salzburg wurde liebevoll von Andrea und Andreas Kaiblinger eingerichtet und befindet sich gleich neben dem eigenen Hauben- und Sternerestaurant „Esszimmer". Hier werden regelmäßig exklusive Kochevents angeboten, bei denen kleine Gruppen gemeinsam mit Andreas kochen und anschließend am großen Holztisch essen. Vor allem steht hier der Spaß und das Bewusstsein zu den Lebensmitteln im Vordergrund. Frei nach dem Motto „Gemeinsam essen, gemeinsam erleben".

PLATZ FÜR DEINE NOTITZEN

Weitere Tipps und Rezepte findest Du auf www.essenlieben.com

173 Essen Lieben

Essen Lieben

175 **Essen Lieben**

IMPRESSUM

© 2018 dieser Ausgabe by Loud Media & Awareness GmbH, Imbergstraße 31c, 5020 Salzburg.

1. Auflage September 2018
ISBN 978-3-961114-99-3

Die Verwendung der Texte und Bilder, auch auszugsweise, ist ohne Zustimmung des Verlages urheberrechtswidrig und strafbar. Dies gilt auch für Vervielfältigungen, Übersetzungen, Mikroverfilmung und für die Verarbeitung mit elektronischen Sytemen.

Hinweis

Alle Ratschläge/Informationen in diesem Buch sind von Autor und Verlag sorgfältig erwogen und geprüft. Dennoch kann eine Garantie nicht übernommen werden. Eine Haftung des Autors bzw. des Verlags und seiner Beauftragten für Personen-, Sach- und Vermögensschäden ist ausgeschlossen.

Alle Rechte vorbehalten. Vollständige oder auszugsweise Produktion, gleich welcher Form (Fotokopie, Mikrofilm, elektronische Datenverarbeitung oder durch andere Verfahren), Vervielfältigungen, Weitergabe von Vervielfältigungen nur mit schriftlicher Genehmigung des Verlages.

FOOD-FOTOGRAFIE
Alexander Tiefenbacher

MOOD-FOTOGRAFIE
Clara Güll, Alexander Tiefenbacher

PORTRÄT-FOTOGRAFIE
Clara Güll, Jan Friese - BlowUp

FOODSTYLING
Andreas Kaiblinger

DEKO, STYLING
Andrea und Andreas Kaiblinger

REDAKTIONSLEITUNG FÜR DIESE AUSGABE
Clara Güll

LAYOUT, DTP, GESAMTPRODUKTION
Loud Media & Awareness GmbH

IDEE, PROJEKTREDAKTION
Andrea und Andreas Kaiblinger,
Loud Media & Awareness GmbH

LEKTORAT
Loud Media & Awareness GmbH

UMSCHLAGGESTALTUNG
Loud Media & Awareness GmbH

DRUCK UND VERARBEITUNG
Samson Druck GmbH
A-5581 St. Margarethen 171

BESTELLUNG UND VERTRIEB
Nova MD GmbH
Raiffeisenstraße 4, D-83339 Vachendorf